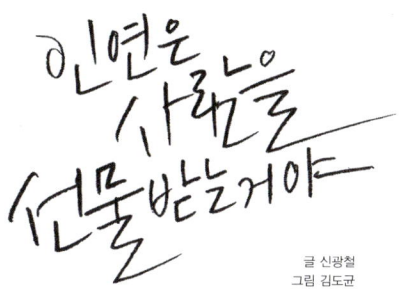

글 신광철
그림 김도균

긍정이와 웃음이의 마음공부 여행 II

긍정이와 웃음이의 마음공부 여행 II

초판 1쇄 발행일 2020년 10월 20일
초판 2쇄 발행일 2021년 5월 20일

저　　자 | 신 광 철
펴 낸 이 | 김 희 경
캐 릭 터 | 김 도 균
디 자 인 | 권 민 철

펴 낸 곳 | 느티나무가 있는 풍경
주　　소 | 경기도 남양주시 가운로4길6-8 302호 (다산동)
대표전화 | 031-555-6405 / 010-5705-6405
출판등록 | 제 399-2020-000042

ⓒ 신광철 2020

ISBN 979-11-971341-2-8(03800)
CIP CIP2020041557

*잘못 만들어진 책은 바꾸어 드립니다.
*값은 뒤표지에 있습니다.

느티나무가 있는 풍경

CONTENTS

27 WEEK
미래는 보물창고야

183. 가을은 이별축제야 · 23
184. 자신과의 약속을 지키면 비로소 인생의 주인이 되는 거야 · 26
185. 등대는 한 자리를 고집해서 배를 안내해 · 27
186. 우리말은 의미는 깊고 표현은 재미있어 · 28
187. 토론에서 틀린 것은 없어. · 29
188. 누군가 나를 만나고 헤어졌다면 나를 만나기 전보다 더 나아지도록 해야 하는 거야 · 30
189. 미래는 보물창고야 · 31

28 WEEK
태어난 이유가 있어. 그 이유는 본인만 알아

190. 무지개는 비 온 후 뜨는 거야 · 33
191. 생명의 뿌리는 낮은 곳에 있어 · 36
192. 태어난 이유가 있어. 그 이유는 본인만 알아 · 37
193. 의미 없는 인생의 순간은 없어 · 38
194. 완성된 행복은 사랑 받고, 사랑하는 것에서 오는 거야 · 39
195. 마음에는 마음으로만 다가갈 수 있어 · 40
196. 만날 사람은 기어이 만나게 돼 · 41

29 WEEK
세상을 바꿀 수 없다면 내가 바뀌어야 해

197. 지상에서 가장 아름다운 공동체는 가족이야 · 43
198. 지식은 채우고 지혜는 비우는 거야 · 46
199. 사랑한다면 방목하라 · 47
200. 한 사람에게 많이 준 건 나누어 쓰라는 거야 · 49
201. 나에게 먼저 선물해야 해 · 50
202. 세상을 바꿀 수 없다면 내가 바뀌어야 해 · 51
203. 인생을 등으로 지지 말고 가슴으로 안아 봐 · 52

30 WEEK
자신의 사랑에 노련한 사람은 없어

204. 꿈은 인생길에 켜놓은 등이야 · 55
205. 자신의 사랑에 노련한 사람은 없어 · 58
206. 부지런한 사람에게는 시간이 부족하고, 게으른 사람에게는 시간이 남아 · 59
207. 내가 옳다고 주장하는 사람은 생각의 감옥에서 사는 거야 · 60
208. 세월은 내 행동을 차곡차곡 쌓아서 나를 만들어주지 · 61
209. 사랑은 종합선물이야 · 62
210. 진정 나를 사랑한다면 남을 사랑해야 해 · 63

31 WEEK
종이에 그리면 그림이 되고, 마음에 그리면 그리움이 되는 거야

211. 그리운 것은 모두가 꽃이 되는 거야 · 65
212. 자유로우려면 집착하지마라 · 68
213. 꿈에는 시간만으로 다가갈 수 없어 · 69
214. 너와 만날 약속을 하는 순간, 행복해졌어 · 70
215. 아름다운 곳을 찾아가는 것도 좋지만 내 자리 아름다운 걸 볼 줄 알아야 돼 · 71
216. 종이에 그리면 그림이 되고, 마음에 그리면 그리움이 되는 거야 · 72
217. 영웅은 없어. 평범한 사람이 고난을 두려워 않고 넘은 거야 · 73

32 WEEK
사람은 정의로운 존재가 아니라 정의롭고자 하는 존재야

218. 하늘이 문을 열어주어야 한 사람이 태어나는 거야 · 75
219. 삶이 아름다운 건 삶이 아름답다고 생각하는 사람에게서만 확인돼 · 77
220. 사람은 정의로운 존재가 아니라 정의롭고자 하는 존재야 · 80
221. 술은 천국의 음료라 천국을 구경시켜주지 · 81
222. 배신하지 않고 나를 응원해 줄 사람은 나 자신 뿐이야 · 82
223. 도전은 나이가 들어서 하는 거야 · 83
224. 사람은 고난을 통해서 완성되는 거야 · 84

CONTENTS

33 WEEK

참을 수 없는 사랑을 만나면 참지 마라

225. 사람으로 태어나 아무 것도 안하는 것은 큰 죄야 · **87**
226. 단순한 것이 진리고 큰 아름다움이야 · **90**
227. 하늘은 최선을 선택하지 않고 최선을 다한 사람을 선택해 · **91**
228. 참을 수 없는 사랑을 만나면 참지 마라 · **92**
229. 진정으로 중요한 건 내가 가지고 있어 · **93**
230. 최고의 배려는 거짓말이야. 예의의 절반은 거짓말이거든 · **94**
231. 꽃이 피는 건 한 계절이지만 꽃이 피려면 사계절이 다 필요해 · **95**

34 WEEK

오늘은 새로운 내 인생의 첫날이야

232. 사랑은 비밀을 공유하는 거야 · **97**
233. 세상을 어떻게 해석하느냐에 따라 행불행이 결정되지 · **100**
234. 내가 먼저 꽃을 피워야 꽃밭을 만들 수 있어 · **101**
235. 당연한 것이 당연할 이유가 없는 거야 · **102**
236. 인생은 준비하려고 사는 게 아니야 · **103**
237. 오늘은 새로운 내 인생의 첫날이야 · **104**
238. 진정한 여행자는 머물 줄 알아야 해 · **105**

35 WEEK

사랑은 인생에서 가장 따뜻하고 행복한 사건이야

239. 내가 웃으면 세상에 꽃 한 송이 핀 거야 · **107**
240. 그리운 만큼 다가가라 · **110**
241. 웃는 장사가 남는 장사야 · **111**
242. 지금의 나는 지금까지 행동한 나의 아바타야 · **112**
243. 사랑은 인생에서 가장 따뜻하고 행복한 사건이야 · **113**
244. 휴일에는 걱정도 휴일이어야 하는 거야 · **114**
245. 비의 유전자는 초록색일 거야 · **115**

36 WEEK

함정은 안전하게 보이도록 만들어져 있어

246. 여행은 몸으로 읽는 독서, 독서는 마음으로 떠나는 여행이야 · 117
247. 요즘 아이들이 버릇없다고? · 120
248. 여행을 가면서 계획을 짜는데 긴 인생길을 가면서 인생계획표를 짜봤니? · 121
249. 좋은 인연을 만드는 건 사람의 일이야 · 122
250. 사랑은 거부할 수 없는 거야 · 123
251. 철쭉꽃 피는 날엔 하늘과 땅 사이에서 사람이 웃어라 · 124
252. 함정은 안전하게 보이도록 만들어져 있어 · 125

37 WEEK

세상에 예의를 갖춰 봐. 그러면 세상도 예의를 갖추고 다가오지

253. 세상의 중심이 나 자신에게 있지만 그것을 깨닫는 것은 자신의 몫이야 · 127
254. 현자보다 엄마가 필요해 · 130
255. 남을 인정해야 나를 인정받게 되는 거야 · 131
256. 천국은 내 탓이고, 지옥은 네 탓 하는 곳이야 · 132
257. 행복으로 바쁘려면 사소한 기쁨을 느낄 줄 알아야 돼 · 133
258. 좋은 일은 바로 지금, 여기에서 나부터 출발해야 해 · 135
259. 세상에 예의를 갖춰 봐. 그러면 세상도 예의를 갖추고 다가오지 · 136

38 WEEK

지식 열을 쌓으면 지혜 하나가 생기는 거야

260. 아침은 어둠을 지나야 만날 수 있어 · 139
261. 세상은 내가 한 행동대로 따라서 돌려줘 · 141
262. 지식 열을 쌓으면 지혜 하나가 생기는 거야 · 144
263. 지상에 내가 살아있는 것이 당연하지? · 145
264. 노력은 누구나 해. 다르게 태어났을 뿐이야 · 146
265. 당신은 소유한 관리자고, 나는 소유하지 않고 누리는 주인이야 · 147
266. 뒤에서 안아주면 심장은 같은 방향에서 뛰어 · 148

CONTENTS

39 WEEK
사람으로 산다는 것은 누군가에게 언덕이 되어야 하는 거야

267. 스스로 선택한 고난은 도전이다 · 151
268. 소유하는 순간 자유로울 수 없어 · 154
269. 사람으로 산다는 것은 누군가에게 언덕이 되어야 하는 거야 · 155
270. 혼자 떠나는 여행에서 필수지참물은 쓸쓸함이야 · 156
271. 인생은 마음을 가지고 노는 거야 · 157
272. 진정한 사랑은 늑대 같은 사랑이야 · 158
273. 생명은 저마다 견뎌야 할 고난의 몫이 있는 거야 · 159

40 WEEK
실패가 가르쳐준 성공비결이 있어

274. 귀하다 귀하다고 하니 다 귀해져 · 163
275. 세상의 주인은 자연이야 · 166
276. 인생은 영적 존재가 사람의 세계를 경험하는 거야 · 167
277. 문학이란 무엇이지요? · 168
278. 망설여질 때 쉽게 결정하는 법이 있어 · 169
279. 실패가 가르쳐준 성공비결이 있어 · 170
280. 연구소에서는 실패를 실험이라고 해 · 171

41 WEEK
살아있음을 살아라

281. 사람은 따뜻한 존재야 · 173
282. 한자는 사상과 철학 그리고 역사의 보고寶庫야 · 176
283. 살아있음을 살아라 · 177
284. 생명을 키우는 힘은 끝에 있어 · 178
285. 긍정으로 세상을 바라보면 힘든 세상도 천국이 돼 · 179
286. 만나야할 사람은 만나고, 일어날 일은 일어나는 것이 시절인연이야 · 180
287. 나는 내가 한 일을 알고 있는가 · 181

42 WEEK

자신에게 질문하라. 해답은 자신이 가장 잘 알고 있다

288. 눈이 내리는 소리를 들어봤니 · **183**
289. 한 사람을 사랑하면 마음 안에 등이 하나 켜져 · **186**
290. 결정을 하는 순간 걱정이 반으로 줄어들어 · **187**
291. 자신에게 질문하라. 해답은 자신이 가장 잘 알고 있다 · **188**
292. 하늘은 준비한 만큼만 받아가도록 하는 거야 · **189**
293. 책을 읽고 깨달음이 없다면 책을 읽는 것은 노동에 불과해 · **190**
294. 꽃은 살아있는 천국이야 · **191**

43 WEEK

모든 약속은 자기 자신하고 하는 거야

295. 생각을 뒤집어 봐. 세상이 달라져 · **193**
296. 정치는 낮은 곳을 다 채우고 난 후 길을 찾는 물 같은 거야 · **196**
297. 피가 붉은 이유는 열정으로 인생을 살라는 거야 · **197**
298. 그리움 하나 잘 익으면 꽃이 되지요 · **198**
299. 오늘로 마음 안에 꽃 피우는 날 되세요 · **199**
300. 꽃이 아름다운 건 고난의 끝을 아름다움으로 마무리하는 것에 있어 · **200**
301. 모든 약속은 자기 자신하고 하는 거야 · **201**

44 WEEK

일이 힘들다고 투덜대지마. 일 없으면 더 힘들어!

302. 너는 너에게 뭘 해 주었니 · **203**
303. 일이 힘들다고 투덜대지마. 일 없으면 더 힘들어! · **206**
304. '내 인생사용설명서'를 작성해 봐 · **207**
305. 가장 큰 도둑이 누군지 아니 · **208**
306. 웃음은 행복을 누리고, 눈물은 슬픔을 버리라고 있는 거야 · **210**
307. 웃음은 살게 하는 힘이고, 눈물은 깨닫게 하는 힘이야 · **211**
308. 여행은 제3의 눈을 갖게 해 · **212**

CONTENTS

45 WEEK
여행은 영혼의 발로 걸어야 해

309. 꿈을 꾸면 발바닥이 근질거려 참을 수 없어 · 215
310. 여행은 영혼의 발로 걸어야 해 · 218
311. 길은 자신이 듣고 싶은 말을 들려주지 · 219
312. 비는 죽는 순간 해바라기처럼 웃어 · 220
313. 행복은 마음 안에 구름을 걷어내야 만날 수 있는 거야 · 221
314. 인생의 주인은 채찍을 자신에게 하지 · 222
315. 지구여행티켓을 선물 받고 여행 중인 거야 · 223

46 WEEK
새는 둥지를 떠나는 순간 날아올라

316. 사람은 쓸쓸함으로 크는 존재야 · 225
317. 목표는 열정이 식지 않게 하는 힘이야 · 228
318. 모험가는 목적을 위해 고난을 선택하는 거야 · 229
319. 새는 둥지를 떠나는 순간 날아올라 · 230
320. 초록색 욕망을 불질러 봐 · 231
321. 내 일이 아닌 일로 걱정 하지마 · 232
322. 하지 말아야 할 사랑은 없어 · 233

47 WEEK
사랑의 완성은 만남이 아니라 헤어짐에 있어

323. 사람을 사람으로 완성시켜주는 것이 있어 · 235
324. 희망과 절망 모두 찾아오지만 그대로 받아들이고 누려야 해 · 238
325. 누려라, 누려야 인생이야 · 239
326. 인생은 한 번에 만들 수 있는 게 아니야 · 240
327. 부드러움이 강한 거야 · 241
328. 영혼도 직립해야 하는 거야 · 242
329. 사랑의 완성은 만남이 아니라 헤어짐에 있어 · 243

48 WEEK
당신은 오늘 누구를 만나고 왔나요?

330. 세상에서 가장 힘이 센 사람은 엄마여야 해 · **245**
331. 나를 사랑하는 법을 알게 되는 것은 위대한 일이야 · **248**
332. 고난은 겪고 나면 고마운 것임을 알게 돼 · **249**
333. 인생의 무게는 같아 · **250**
334. 사랑의 거리는 마음의 거리야 · **251**
335. 당신은 오늘 누구를 만나고 왔나요? · **252**
336. 잘 사는 법이 있나요? · **253**

49 WEEK
나 자신보다 더 사랑하는 사람을 만나는 기적이 사랑이야

337. 인생은 나다워지는 일인 거야 · **257**
338. 세상은 꿈꾸는 자의 것이야 · **260**
339. 코끼리만한 생각보다 개미의 작은 실천이 세상을 바꾸는 거야 · **261**
340. 나 자신보다 더 사랑하는 사람을 만나는 기적이 사랑이야 · **262**
341. 예술은 지상에 사는 인간을 천상에 사는 존재로 격상시켜주지 · **263**
342. 막차를 놓치면 첫 차를 탈 수 있어 · **264**
343. 바꿔야 할 것은 세상이 아니라 내가 먼저야 · **265**

50 WEEK
인생의 주인공은 인생에 불만이 없어

344. 마음을 비추는 거울을 아니 · **267**
345. 행불행은 세상을 해석하는 기준에 달려있어 · **270**
346. 세상은 거대한 축제장이야 · **271**
347. 사람은 빛으로 만들어진 존재야 · **272**
348. 마음날씨가 중요해 · **273**
349. 인생의 주인공은 인생에 불만이 없어 · **274**
350. 지상 최고의 여행은 인생여행이야 · **275**

CONTENTS

51 WEEK
나쁜 사람은 없어. 나쁜 관계만 있지

351. 슬픔은 슬픔하고 친하고, 기쁨은 기쁨하고 친해 · 277
352. 지구의 법칙을 지키는 것을 순명이라고 해 · 280
353. 파도를 타고 놀면 서핑이란 운동이 되지. 고난을 타고 놀면 인생은 흥미로운 도전이 되고 · 281
354. 칭기즈칸이 세계를 정복한 힘은 경청이야 · 282
355. 현자는 자신의 잘못을 보고, 바보는 남의 잘못을 봐 · 284
356. 나쁜 사람은 없어. 나쁜 관계만 있지 · 285
357. 자주 쓰는 말이 가장 소중한 말이야 · 286

52 WEEK
가장 큰 열정은 지속하는 거야

358. 마음은 생각하라고 있고, 몸은 행동하라고 있는 거야 · 289
359. 헛되고 헛되며 헛되고 헛되니 모든 것이 헛되다 · 292
360. 행복한 사람은 고마운 이유를 찾아 · 293
361. 여행은 세 번째의 눈을 가지게 해 · 294
362. 가장 큰 열정은 지속하는 거야 · 295
363. 할 수 있는 일이면 하면 되고, 할 수 없는 일이면 하지 않으면 돼 · 296
364. 손에 쥔 것을 고마워해야 하는 거야 · 297

53 WEEK
사람 안에는 거인이 있어

365. 인간의 위대함은 도전을 선택한 거야 · 299
366. 사람 안에는 거인이 있어 · 302

긍정이와 웃음이를
데리고 다니세요
행복이도 슬며시 다가와요

긍정이와 웃음이

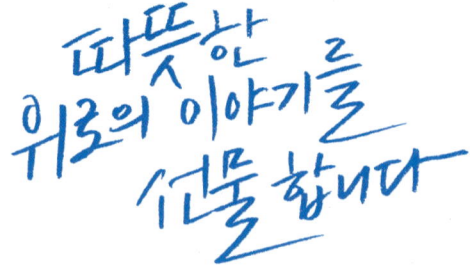

'긍정이'와 '웃음이'라는 동화 같은 등장인물을 통해 따뜻하고, 훈훈한 공간을 만들려 했습니다. 긍정이와 웃음이, 이름을 부르는 것만으로도 마음 안에 평화가 깃들기를 바라는 마음으로 작명했고, 두 등장인물이 여행을 하면서 삶을 깨닫는 과정입니다.

긍정과 웃음이 필요한 사회였고, 긍정과 웃음은 사실 제게 필요한 덕목이었습니다. 긍정이와 웃음이하고 손잡고 다니세요. 인생이 순간 나비날개를 단 것처럼 가벼워져요. 행복해지고요. 세상이 순간 따뜻해지면서 꿈을 꾸지요. 내가 선 자리가 천국이 되는 걸 느끼실 수 있습니다. 내 마음이 행복하면 천국이고, 내 마음이 힘들면 지옥이지요. 세상은 마음 가지고 노는 것이었지요. 긍정이와 웃음이 그리고 행복이, 세 친구는 인생을 성공으로 안내하는 전도사거든요. 삼총사지요. "긍정이와 웃음이를 꼭 데리고 다니세요. 그러면 행복이도 슬며시 다가와요." 삶이 순간 작은 날개를 단 듯 가벼워집니다.

이야기는 모두 366개로 만들어져 있습니다. 365일+1일로 만들어져 있습니다. 1년은 365일이고 4년마다 1일이 더 늘어나지요. 그래서 366개의 이야기입니다. 날마다 하나씩 가슴에 별처럼 새겨놓으라고 만들었지요. 그리고 일주일마다 7개씩을 묶어서 주단위로 사용하도록 했습니다. 1년은 모두 53주입니다.

꽃은 자신의 자리를 아름답게 만들고, 향기를 세상에 전합니다. 사람도 자신이 서 있는 자리를 아름답게 만들 책임이 있습니다. 그리고 아름다움을 세상에 전할 의무가 있습니다. 이유는 사람은 아름다운 존재이기 때문입니다. 감사합니다.

신광철 작가

모든 아침은
어둠을 건너왔어

27
WEEK

미래는 보물 창고야

183. 가을은 이별축제야

"모든 가을은 봄을 꿈꾸고 있어. 갈잎들은 떨어져 봄으로 달려가지. 가을나무들은 봄나무에게로 달려가고 있어."
"멋진 표현이에요."
"다시 태어나면서 가을에 달려간 나뭇잎들을 초록으로 파랗게 살아나게 하지. 그래서 가을은 이별축제인 거야."
"이별축제요?"
긍정이와 웃음이는 단풍축제에 참가했다. 현장에서 만난 시인과의 대화에 마음이 빼앗겼다.
"그렇지. 이별축제! 이별의 현장은 빨강 노랑 분홍색으로 화려하기 이를 데 없지. 이별이 이처럼 빛나고 아름다운 건 가을뿐일 거야."
"왜 그럴까요?"
"이유는 간단하지. 다음을 기약한 이별이라서 그래."
"정말 이별축제라고 해도 되겠어요."
"그렇지. 그리운 것들이 이별하면서 다시 새롭게 만날 것을 약속했으니 얼마나 아쉬우면서 기다려지겠어."

184. 자신과의 약속을 지키면 비로소 인생의 주인이 되는 거야

"약속은 자신과 하는 거야."
"어떻게요?"
"남과의 약속은 약속이고 다시 한 번 자신과 약속을 해야 하는 것이지."
"아하, 그럴 수도 있네요."
"그렇지. 경쟁을 남과 하지 않고 어제의 나와 하듯이 약속도 남과 한 약속을 자신과의 약속으로 다시 정해야 하는 거야. 남과의 약속을 다시 마음에 새긴 나와의 약속이 나를 믿게 하거든."
긍정이와 웃음이는 철학을 전공하고 있는 교수와 대화를 나누었다.
"나를 믿을 수 있다면 자신에 대해 당당할 수 있겠네요."
"남과의 약속으로 사회적인 신뢰를 얻을 수 있다면 자신과의 약속은 인생의 주인이 되게 하지."

185. 등대는 한 자리를 고집해서 배를 안내해

"이동하는 배를 안내하는 건 고정된 등대야."
"우와, 정말 그렇네요."
"인생을 안내하는 것도 한 자리를 고집한 면벽수행자의 깨달음이야."
"그것도 그렇네요."
웃음이의 맞장구는 언제나 사람을 즐겁게 만들어주었다. 그것도 환한 웃음으로. 고대사를 연구하는 사람과의 대화로 마니산의 밤은 깊어갔다.
"별 중에 으뜸별로 치는 북극성도 한 자리를 고집해서 으뜸별이 된 거야. 다른 별들이 북극성을 중심으로 돌지. 그래서 밤에는 북극성이 길 잃은 사람을 안내하거든."

186. 우리말은 의미는 깊고 표현은 재미있어

우리말을 연구하는 사람과 만나 한국어에 대해서 이야기를 나누고 있었다.
"우리말은 세계에서 유일하게 정리가 되어있는 말이야. 어떻게요?"
"중요하고 핵심적인 말은 한 글자로 되어 있어. 그 다음으로 중요한 건, 두 글자, 세 글자로 되어있지."
"그래요!"
"얼굴부터 살펴 봐. 중요한 기관들이 한 글자로 되어 있지. 봐. 눈, 코, 귀, 입!"
"정말이네요."
"몸에서 중요한 게 뭘까?"
"뼈요."
"그렇지. 뼈와 살 그리고 피겠지. 그리고 손과 발."
"참 신기하네요."
"그뿐이 아니고 우리와 같이 사는 동물과 같이 살지 않는 동물을 나누었어."
"그건 또 어떻게요?"
"우리와 같이 사는 가축은 한 글자고, 가축이 아닌 것은 여러 글자로 되어있지. 물론 예외도 있긴 해."
"그래요!"
"소, 말, 양, 개, 닭으로 한 글자야. 돼지도 가축인데 옛말로는 '톳'이나 '톨'이라고 했지."
"정말 신기하네요."

187. 토론에서 틀린 것은 없어.

이슬람사원과 교회가 함께 하는 터키는 공존의 나라였다. 동양과 서양의 다리 같았다. 긍정이와 웃음이가 활기차게 걷고 있었다. 종교 토론이 한창인 곳에 다다랐다. 중재자를 자처한 노인이 일어섰다.
"한 쪽이 맞으면 한 쪽이 틀려야 합니다. 내가 맞다는 걸 우기면 상대방은 이유 없이 틀려야 합니다. 그건 토론이 아닙니다."
"그렇다면 내가 틀렸다는 말입니까?"
자신의 주장을 말하던 또 다른 사람이 강하게 반발했다.
"토론에서 틀린 것은 없습니다. 다른 생각이 있을 뿐입니다. 틀림은 스스로 자신의 지식과 지혜를 가두는 것이고, 다름은 자신의 지식과 지혜의 영역을 넓혀가는 것입니다. 다시 말하면 틀리다고 생각하는 사람은 스스로 담을 쌓아 갇히는 것이고, 다르다고 생각하는 사람은 담을 헐어 자유로워지는 것입니다."
모두 중재를 맡은 사람의 말에 박수를 치며 응원했다.
"토론은 자신의 몫만큼만 옳다고 주장할 수 있습니다. 자신의 몫으로 상대를 설득시키고, 이해시키는 만큼이 옳은 것입니다. 토론에서 자신의 주장은 하나의 의견일 뿐입니다."
잠시 뜸을 들였다 말을 이었다.
"자신과 다른 의견을 받아들이는 것은 내가 틀리는 것이 아니라 바로 서는 계기이며, 다른 의견을 받아들이는 결정은 내가 틀린 결정이 아니라 지식과 지혜의 지평을 넓혀가는 위대한 확장입니다."

188. 누군가 나를 만나고 헤어졌다면 나를 만나기 전보다 더 나아지도록 해야 하는 거야

"이별하고 나서 한 사람을 만났던 것이 감사한 일이 되도록 해야 하는 거야. 그래야 진정 아름다운 이별이 되는 거지. 또한 한 사람과의 인연이 완성되는 것이고."

"말씀을 듣고 나니 저도 목표가 생겼습니다. 만남의 의미를 나를 만나기 전보다 반드시 더 나아지도록 해야겠네요."

"그렇지. 나를 만나고 헤어졌다면 나를 만나기 전보다 더 나아지도록 해야 하는 것이지."

"고맙습니다. 깨달음 하나를 또 하나 더해 주셔서."

긍정이와 웃음이는 진정으로 고마웠다. 삶의 지혜를 가르쳐준 산골에서 농사짓고 사는 노인에게 감사했다.

189. 미래는 보물창고야

"오늘보다 빛나는 날이 나를 기다리고 있어!"
젊은 청년이 소리치자 옆에 있던 미래학을 연구하고 있는 안정준 박사가 말했다.
"미래는 보물창고야."
"그렇지요. 선생님."
"그럼. 그렇고말고. 꿈의 높이를 땀으로 쌓아 올라가는 사람은 꿈이 배반하지 않아."
"믿고 싶습니다. 땀의 댓가가 있음을!"
"믿어도 되네. 내일은 오늘까지의 인생보다 빛나기 위해서 있다네. 미래는 기회의 땅이야."
실패를 딛고 다시 시작하는 청년의 눈빛이 빛났다. 청년에게 용기가 필요한 것을 알고 격려를 해주고 있었다.
"박사님. 고맙습니다. 제게 힘을 주셔서."
"믿어야 하네. 믿음이 강하면 신념이 되고, 신념이 강해지면 행동하게 되거든. 모든 성공은 행동으로만 이루어지지. 무엇보다 사람을 믿는 긍정의 힘이 중요하네."

28
WEEK

*태어난 이유가 있어.
그 이유는 본인만 알아*

190. 무지개는 비 온 후 뜨는 거야

"땀을 흘려야 산 정상이 바람이 좋은 걸 깨닫지."
"그래요. 산 정상에 올라 만나는 바람은 상쾌하면서도 통쾌하지요."
"땀이 주는 기쁨은 내가 직접 해냈다는 것이지. 인생은 직접 이룬 것만이 가치가 있는 거야."
"맞아요. 우리도 여행을 하면서 느껴요. 여행을 대신해 줄 수 없고, 운동을 대신해 줄 수 없음을 배웠어요."
"그렇지. 인생은 몸으로 살아보고 마음으로 깨달아야 하는 것이지. 직접 한 것만이 성취고, 성공한 거야. 진정으로 중요한 건 실패의 경험이 진정한 인생성공의 한 요소야. 실패 없는 인생은 인생의 반쪽을 이해 못하게 되거든."
"정말로 놀라운 생각이시네요."
실패 없는 인생은 인생의 반쪽을 이해 못하게 된다는 말이 긍정이와 웃음이의 의식을 일깨웠다. 산촌에 사는 노인의 목소리는 당당하면서도 부드러웠다.
"무지개는 비 온 후 뜨는 거야. 실패는 깨달음에는 필수거든."

191. 생명의 뿌리는 낮은 곳에 있어

"세상을 키워내는 것들은 낮은 곳에 있어."
"무엇이 그렇습니까?"
"나무와 풀의 뿌리는 낮은 곳에 있지. 어둠을 두려워 않지. 근원은 겉으로 드러내지 않아."
"정말 그렇네요. 왜 그럴까요?"
"이유가 있지. 어머니가 자식을 키운 공을 드러내던가?"
"안 드러내시지요."
대답해놓고는,
"아하, 그렇군요."
긍정이는 이제야 깨닫고는 눈이 반짝거렸다.
"그렇지. 자식을 기르는 어머니처럼 뿌리와 물은 소리 없이 낮은 곳에서 세상을 창조하지. 큰일을 하는 것들은 드러내지 않지."

192. 태어난 이유가 있어. 그 이유는 본인만 알아

"꽃 한 송이가 피어 지구의 한 모퉁이가 아름다워지지."
"!"
"꽃이 피어서 자신의 자리를 아름답게 하면 다른 꽃도 피어나지. 너와 내가 함께 피면 꽃밭이 되잖아."
"!"
"사람도 그래. 나 한 사람이 태어나 내 자리를 아름답게 만들면 최소한 내 자리만큼 아름다워지지."
모두 듣고만 있었다. 중간에 다른 질문을 할 상황이 아니었다.
"나 한 사람이 태어난 이유는 자신의 자리를 아름답게 만드는 임무를 책임지라는 거야."
"!"
모두 역시 듣고만 있었다.
"내가 세상의 전부라는 생각을 가지는 것이 내가 세상의 부분이라고 생각하는 것보다 옳을 수도 있어."
"왜지요?"
"내 자리를 내가 책임지지 않으면 내 자리만 썩을 수도 있으니까. 그러니 내 몫을 내가 하지 않으면 세상은 모두 아름다운데 내 자리만 추해질 수 있거든."
끝까지 마무리하는 모습이 철학교수다웠다.

193. 의미 없는 인생의 순간은 없어

"살아있다는 것이 비극이라고 느끼는 순간까지도 의미 없는 것이 아니야."
"왜지요?"
"삶은 살아있는 것을 누리고 느끼는 것이 최상이지만 비극적인 상황에서도 살아있다는 것은 더 큰 미래를 위해서 필요한 순간인 거야."
"그건 또 왜지요?"
"경험을 통해, 성찰을 통해 깨닫기 위해서 태어났거든. 인간은 사라지기 위해 죽는 것이 아니라 다시 존재하기 위해서 죽는 거야."
"말씀, 이해가 안 됩니다."
"세상은 이해되는 만큼만 이해해야 하는 거야."
"!"
노인은 조용히 말했지만 단호하게 마무리했다. 마음에 숙제처럼 남았다. '사라지기 위해 죽는 것이 아니라 다시 존재하기 위해서 죽는 거야'라는 말이 그랬다.

194. 완성된 행복은 사랑 받고, 사랑하는 것에서 오는 거야

"삶에서 행복은 사랑을 받고 있다는 것과 사랑을 하고 있다는 것을 확인할 때 와. 그중에 하나만 있게 되면 결핍이고, 둘 다 없을 때는 치명적인 상황을 맞게 되지."
"사랑이 곧 행복이군요."
"그렇지. 태어난 포유류 새끼에게 피부접촉을 해주지 않으면 죽는다고 해. 사랑이 삶에서 얼마나 중요한지 알게 하는 증거야."
"그러네요."
"먹는 음식만큼 사랑은 필요하지. 몸에도 음식이 필요하지만 마음에도 음식이 필요하지. 마음의 음식이 바로 사랑이야. 사랑 외에는 사실 다른 대안이 없어."
사랑에 대한 확고한 생각을 가지고 젊은 심리학자는 말했다.
"사랑의 방법은 어떤 것이 있나요?"
"사랑의 방법은 나눔이야. 가진 것을 나누는 거야."

195. 마음에는 마음으로만 다가갈 수 있어

"눈에 보이는 건 일부인 걸 알지?"
"예. 빙산도 일부만 보이고, 식물의 뿌리도 숨겨져 있어요."
"맞아. 중요한 건 숨어 있어. 그걸 찾아야 하는 게 중요한 일이야."
"보이지 않으면서 중요한 게 뭐지요?"
"누가 뭐라고 해도 보이지 않으면서 중요한 건 마음이야."
"맞아요, 맞아."
"마음 중에서도 중요한 건 사랑이지. 마음에는 마음으로만 다가갈 수 있어."
"아하. 그렇군요."
"마음은 소중해서 잘 다루어야 해. 잘 깨어지거든."

196. 만날 사람은 기어이 만나게 돼

명리학을 공부하는 사람이었다. 명리학은 한국고유의 인연학이었고, 성격분석으로 최적의 학문이었다.
"인연이 있나요?"
명리학자에게 긍정이가 물었다.
"인연이 있지. 만날 사람은 결국 만나고, 일어날 일은 결국 일어나지."
"피할 순 없나요?"
"피하는 방법은 문제를 해결하는 거야."
"문제를 해결한다고요?"
"그렇지. 만났으니 좋은 관계로 만드는 거지. 악연을 선연으로 만드는 건 사람의 일이야. 손해 보면 해결 돼."
"손해라는 게 말은 쉽지만 그게 가능할까요?"
"가능하지. 왜냐하면 다른 인연에서 누군가 나를 위해 손해 보는 사람이 있거든. 부모가 자식에게 일방적으로 베푸는 손해를 보고, 자식은 또 자신이 낳은 자식에게 베푸는 손해를 보는 것처럼. 결국은 다시 평등해지지."
"그렇네요. 손해가 손해가 아니네요."
"손해를 볼 줄 알아야 인생은 풍부해지지. 누군가에게 주고, 누군가에게 받는 원리야. 그리고 악연은 풀라고 오는 거야."

29
WEEK

세상을
바꿀 수 없다면
내가
바뀌어야 해

197. 지상에서 가장 아름다운 공동체는 가족이야

"인류 최초의 공동체가 뭔지 아나?"
"부족이나 마을 아닐까요?"
가족문제 연구소장의 물음에 망설이면서 긍정이가 답했다.
"인류최초의 공동체는 부부야. 부부로 해서 만들어진 공동체가 가족이지. 가족은 인류 최초의 혈연공동체면서 운명공동체야."
"운명공동체의 뜻은 뭐지요?"
"말 그대로야. 운명을 같이 한다는 말이지. 인간에게 다가오는 생로병사와 길흉화복까지를 같이 대처하며 살아가는 공동체란 뜻이야."
답을 하고는 다시 긍정이와 웃음이에게 물었다.
"인류의 마지막 공동체는 뭐라고 생각하나?"
"역시 가족 아닐까요?"
"맞아. 지금의 가족제도는 해체될 수 있어. 결국 인간은 혼자지만 누군가와 운명의 끈을 잡고 의지하고 싶어 하지. 그럼에도 인간은 몸을 나눈 혈연의 끈을 잡을 것이라고 봐. 가족형태는 달라질 수 있어도 사랑과 혈연관계인 사람, 즉 가족공동체를 무너뜨리지는 못할 거야."

198. 지식은 채우고 지혜는 비우는 거야

"공부는 끝이 없는 거 맞지요?"
동의를 구하듯 긍정이가 물었다.
인제의 깊은 산 속 살둔마을에서 혼자 살고 있는 40대 중반의 남자와 이야기를 나누고 있었다.
"지식은 쌓는 것이지만 지혜는 비우는 작업이야."
긍정이는 예상하지 못한 말에 당황했다. 지혜는 비우는 것이라는 답을 예상하지 못했다. 긍정이와 함께 웃음이도 뜻밖이라는 표정을 짓자 장년의 남자가 말을 이었다.
"지식은 지혜를 얻을 정도만 가지면 되는 거야. 정도를 넘으면 복잡해지기만 하지. 가득 찬 창고 같아. 지혜는 지식을 비우는 작업이야. 지식을 쌓아서는 꿰뚫는 순간 잡다한 지식은 필요 없게 되지."
"어째서지요?"
"마스터키라는 것 아나?"
"모르겠습니다."
"방마다 문을 열 열쇠가 다르지. 100개의 방이 있으면 100개의 열쇠가 필요해. 그것이 지식이야. 하나의 열쇠로 모든 방을 열 수 있는 열쇠가 있어. 그것이 마스터키야. 마스터키가 바로 지혜야."

199. 사랑한다면 방목하라

"아이와 싸우고 있습니다."
대학수험생 아이를 둔 부모가 함께 아이 진로에 대해 상담하고 있었다.
"아이와 싸우는 이유가 뭐지요?"
"아이의 미래를 위해서지요."
"아이를 사랑하시지요?"
"그럼요."
"사랑한다면 아이가 하고 싶은 걸 하게 두세요. 하나 물어 보겠습니다. 학창시절에 싫어했던 과목이 뭐였지요?"
"수학이요."
"물리요."
아이의 아빠와 엄마가 대답했다.
"그걸 전공해 보시지요. 그리고 지금하고 있는 일을 바꾸어서 수학, 물리와 관계된 일로 전업해보시지요."
두 사람은 고개를 저었다.
"새를 사랑해서 새장에 가두고 보는 것도 옳지 않아요. 마찬가지로 아이는 태어나면서 아이의 인생을 준비하고 왔습니다. 부모는 아이가 가고자 하는 길을 도와주는 것으로 만족해야 합니다. 부모는 아이의 길을 도와주는 천사지요. 그것으로 역할을 다한 것이고요."
"아이가 아직 어려서 판단력이 부족해서요."
"사람 안에는 인생지도 한 장씩이 들어 있습니다."
"!"
"그걸 막으면 안 됩니다. 사랑한다면 방목하세요. 사회적 성공보다 인생성공이 더 큰 성공이지요. 하고 싶은 일을 하며 사는 것이 아름다운 인생이지요."

200. 한 사람에게 많이 준 건 나누어 쓰라는 거야

"누구나 부자야."
"가난한 사람들이 있는데요?"
"그렇지."
"그렇다니요? 말씀의 앞뒤가 안 맞는데요."
긍정이답지 않게 따지듯이 말했다.
"누구나 부자라는 건, 많이 가진 것이 서로 다르다는 것이지. 부자, 그러면 흔히 돈만을 생각하지. 아니야. 가장 큰 부자는 행복부자일 것이고, 돈 많은 부자야 그에 비하면 하수야."
긍정이는 '아하, 그렇구나' 속으로 외쳤다.
"왜 부자가 되려고 했겠어. 행복하려고 돈을 벌었겠지. 그러니 행복하면 더 고수 아닌가."
"그래요."
"따뜻한 마음이나 배려하는 마음, 노래를 잘 하는 것도 부자고, 그림재주가 있는 것도 부자고, 집을 잘 짓는 것도 부자야. 밥을 맛있게 잘 하는 엄마는 큰 부자지. 특히나 친구 많은 부자나 인기가 있는 것은 돈 부자보다 훨씬 고수지."
"정말 그렇네요."
"그렇지. 각자 다른 재주를 준 건 서로 가진 다른 것을 나누어 쓰라는 것이야."

201. 나에게 먼저 선물해야 해

"자신에게 선물한 적이 있나?"
"내가 나에게 선물한다고요?"
"그렇지."
여행하다 함라마을에서 할머니와 이야기를 나누고 있었다.
"어떻게요?"
"나를 사랑한다면 나에게 좋은 걸 주어야겠지?"
"예."
"힘든 세상 잘 살아내고 있으니 내가 자랑스럽잖아. 그러니 나에게 맛있는 것 사주기, 나에게 멋진 풍경 보여주기, 그리고 나에게 칭찬해주기 같은 것들이 있지."
"그렇네요."
"무엇보다 내가 나를 칭찬해주는 것도 있지만 남이 나를 칭찬하게 만드는 방법도 있지."
"착한 일 하는 거요?"
"그렇지. 선행도 있고, 베풂도 있고, 인사성 있기, 고운 말 쓰기도 있어."
"많군요."
"그럼, 많아. 내가 나를 칭찬하고, 남이 나를 칭찬하고. 세상이 따뜻해져. 한 번 해봐."
"예!"
긍정이와 웃음이는 입을 맞춘 듯 함께 대답했다.

202. 세상을 바꿀 수 없다면 내가 바뀌어야 해

"세상이 못마땅하다고 불만이 많은 사람은 죽을 때까지 불만이야."
"왜일까요?"
"불만스러운 생각이 마음을 휘감고 있어서야. 내가 어쩔 수 없는 것에 불만인 것은 그냥 불만일 뿐이야. 바꿀 수 없다면 내가 바뀌면 되지."
"그럼 어떻게 해야 아름다운 세상을 볼 수 있나요?"
"중요한 건 아주 간단해. 아름다움을 볼 줄 아는 눈을 가져야 해."
"아름다움을 볼 줄 아는 눈은 타고나는 건가요?"
"아니야. 받아들일 줄 알면 비로소 아름다움이 보이기 시작해."
"받아들인다는 게 무슨 뜻이지요?"
"나를, 세상을 인정하는 거야. 질서도 인정하고, 혼돈도 인정하는 거야. 특히 모자라고 부족한 것을 인정해야 해. 사실 채워진 것보다 조금 비워진 것이 자연스러운 것이거든."

203. 인생을 등으로 지지 말고 가슴으로 안아 봐

"사는 게 힘들지. 당연하지. 인생은 생각하기에 따라 홑이불 같이 가볍기도 하지만 비에 젖은 솜이불 같이 무겁기도 한 거야."
산골을 지나다 비를 만나 혼자 사는 할머니를 만나 도움을 받았다. 마른 장작을 부엌으로 옮기며 말했다. 어쩌면 혼자의 독백 같기도 했다.
"할머니. 그러면 어떻게 생각해야 홑이불처럼 가벼워지나요?"
"인생을 등에 지면 짐이 되지. 하지만 가슴으로 안으면 사랑이 되는 거야. 곧, 살게 하는 힘이 되지."
"어떤 의미인지 가늠이 안 됩니다."
"예를 들면 이런 거야. 자식을 먹이고, 공부시키는 것이 힘들고 벅차지. 자식을 짐이라고 생각하면 힘만 들고 원망스러울 수 있어. 하지만 내가 낳은 자식이 귀엽고 사랑스러워서 하나라도 더 해주려고 하면 일이 즐거워지지. 짐이었던 자식이 살게 하는 힘이지."
"아하, 그렇네요."
"세상의 일을 등으로 지지 말고 가슴으로 품어 안아야 해. 시린 마음에 구들장 같은 따뜻함이 찾아오지."

30
WEEK

자신의 사랑에 노련한 사람은 없어

204. 꿈은 인생길에 켜놓은 등이야

"잃어버리지 않는 방향이 있어. 그것이 꿈의 방향이야."
"왜지요?"
"동서남북의 방향은 잃어버릴 수 있지만 꿈을 마음 안에 두면 길을 잃지 않거든."
"아하, 그렇네요."
"꿈은 마음 안에 서 있는 등대 같은 거야. 어느 방향을 걷고 있어도 꿈의 방향은 불이 꺼지지 않아."

205. 자신의 사랑에 노련한 사람은 없어

"자신의 사랑에 노련한 사람은 없어요. 자신의 인생에 능숙한 사람이 없는 것과 같지요."
"왜지요?"
"사랑에 빠지면 자신을 볼 수 없기 때문이지."
"아하, 그렇군요."
"그래서 사랑할수록 그 사랑에 미숙해지지."
긍정이와 웃음이는 또 하나를 깨달았다는 기쁨에 얼굴이 환해졌다.
가족과 함께 버스를 타고 여행을 한 사람의 말이었다.

206. 부지런한 사람에게는 시간이 부족하고, 게으른 사람에게는 시간이 남아

긍정이와 웃음이는 공인구 박사와 이야기를 나누고 있었다. 공인구 박사는 대단한 사람이었다. 사람의 인체의 흐름을 이해하고 있는 사람이었다.
"부지런한 사람에게는 시간이 모자라고, 게으른 사람에게는 시간이 남지."
"왜 그렇지요?"
"시간은 사랑하고 닮았어."
"시간이 사랑하고 닮았다고요?"
"그렇지. 사랑하면 사랑할수록 사랑이 샘솟지."
"…"
"사랑으로 사랑의 물레방아를 돌리면 행복이 만들어지거든. 시간도 그래. 시간은 쓸수록 시간이 더 필요해. 인생의 물레방아를 돌릴 수 있는 건 시간뿐이야."
인체를 연구해서 만든 베개는 기의 흐름을 자연스럽게 만드는 마술 같은 베개였다. 잔병을 사라지게 하는 신비의 베개를 개발한 사람이 공인구 박사였다.

207. 내가 옳다고 주장하는 사람은 생각의 감옥에서 사는 거야

"무슨 말씀이세요?"
내가 옳다고 주장하는 사람은 생각의 감옥에 사는 것이란 말에 긍정이가 물었다. 언뜻 이해가 되지 않았기 때문이다. 노인은 차분하게 설명해 주었다.
"내 생각이 옳다는 것은 좋은 생각이야. 중요한 건 남의 생각도 옳을 수 있다는 거야."
긍정이와 웃음이는 눈을 반짝거리며 듣고 있었다.
"서로 다를 때 내 생각이 옳다고 우기면 두 가지를 잃게 돼."
"뭐지요?"
이번에는 웃음이가 환하게 웃으며 물었다.
"하나는 새로운 생각을 만날 기회를 잃고, 또 하나는 우겨서 상대방에게서 마음을 잃게 되지."
"아하!"
"내가 맞아야 한다고 흔히 생각하지만 아니야. 사실은 내가 틀려야 그 날 복 터진 날이야."
긍정이와 웃음이의 눈이 더욱 반짝거렸다.
"내가 틀리면 큰일 날 것 같이 우기는 사람이 있지만 그렇지 않아. 나와 다른 또 다른 세상과 만날 수 있게 되고 상대방의 마음을 얻게 되니 고마운 것이지."

208. 세월은 내 행동을 차곡차곡 쌓아서 나를 만들어주지

선암사에 들러서 뒷간에 들렀다 나와 스님과 이야기를 나누었다.
"강물이 흘러가지만 결국은 바다에 쌓이지요."
밑도 끝도 없는 스님의 말이었다.
"나무가 자신을 흔드는 바람을 스쳐 보내기만 한 것 같아도 나무의 나이테에 쌓지요."
여전히 긍정이와 웃음이는 듣고만 있었다.
"선운사 뒷간에서는 사람의 몸을 흘러온 강도 쌓이는 걸 알게 되지요."
긍정이와 웃음이는 이제야 그 의미를 알았다. 선암사 뒷간에서는 사람의 몸을 흘러온 강이 쌓이는 이치를 눈으로 확인할 수 있는 곳이었다. 선암사 뒷간은 문화재로 지정된 유명한 뒷간이었다.
"사람이 마음 먹은 것과 행동한 것도 차곡차곡 쌓이지요. 그래서 인생을 만들지요. 지금의 내 모습은 내 마음과 내 행동으로 만들어 놓은 결과지요. 내 인생에 대해 나무라고 불만일 이유가 없지요."
"그래도 만족하기 쉽지 않아요."
웃음이가 말하자 스님이 다시 받아 말했다.
"웃음을 쌓으면 인생도 웃지요."

209. 사랑은 종합선물이야

"부모의 사랑이 크고 위대하지만 삶을 흔드는 건 다른 사랑이지."
"삶을 흔드는 사랑은 무엇인가요?"
"남녀의 사랑이지."
"왜지요?"
"뜨거우면서 차갑고, 천국을 만나게 하지만 지옥을 만나게 하기도 해. 기쁨과 슬픔을 만나게도 하는 종잡을 수 없는 감정의 혼돈을 만나게 하지. 정리하면 사랑은 감정의 종합선물이기 때문이야."
"감정의 종합선물이요?"
"그렇지. 사랑은 나 혼자 하는 것이 아니라 현악이중주처럼 자연스럽게 남녀가 절정으로 다가가는 거야. 한데 아름답지."
"감정의 종합선물이라면 기쁨만큼 슬픔이 있고, 웃음만큼 눈물이 있는 건데 어떻게 아름답다고 하십니까?"
"설탕만을 먹어보게. 무슨 미묘한 맛을 알겠는가. 단것만이 좋은 게 아니야. 쓴맛과 단맛, 신맛과 함께 떫은맛이 섞여 있어야 인생의 참맛을 알 수 있는 거야. 사계절 모두 꽃이 핀다면 봄을 기다릴까."
"…"
"사랑은 날씨처럼 변덕스럽지. 변화무쌍해서 사랑은 더 아름다운 거야. 사랑해보지 않았다면 인생에서 절정에 도달해보지 못하고 사는 거야."

210. 진정 나를 사랑한다면 남을 사랑해야 해

세종로 국정포럼을 이끌고 있는 박승주 이사장을 만나고 있었다. 봉사 나눔 단체를 맡아서 인사를 하는 자리에서였다.
"남들이 나를 사랑하게 해야 비로소 내 주위가 천국이 될 수 있지요."
"아하. 그렇네요."
"사람들은 흔히 이기적이라고 하는 것이 나만을 위한 것이라고 생각하지요?"
"맞아요."
긍정이가 웃으면서 말을 받았다.
"진정한 이기심은 배려와 봉사거든요. 남에 대한 배려나 베품이 남을 위한 것보다 나를 위한 최고의 이기심인 것을 깨달아야 세상이 아름다워지지요."
박승주 이사장의 말에는 힘이 있었다.
"놀라운 성찰이네요."
"그렇습니다. 이기심이 아름다워지는 순간은 타인에 대한 사랑이 실현되는 순간이지요."

31
WEEK

종이에 그리면
그림이 되고,
마음에 그리면
그리움이 되는거야

211. 그리운 것은 모두가 꽃이 되는 거야

매화가 지고 벚꽃이 피어나는 날에 하동에서 시인과 만났다. 시인의 언어는 성큼성큼 앞질러 걸어가서 쫓아가기 바빴다. 그래도 좋았다.
"그리운 것은 모두가 꽃이 되는 거야."
그리움을 닮은 매화가 피고 있었다. 긍정이와 웃음이는 듣고만 있었다.
"그리움이 꽃이 될 때는 보름달도 휘청거리고, 봄날의 동백꽃도 굴러 떨어지거든. 휘청거리는 달빛과 꽃이 굴러 떨어지는 접점궤도를 타고 절절하게 그리움이 꽃으로 피어나지."
긍정이와 웃음이는 말을 건넬 수가 없었다. 시인의 눈은 바람으로 간지럼을 타는 허공에 있었다.
"꽃으로 피어나는 그 가슴은 얼마나 아리고, 비틀거리겠어."
시인은, 이성은 꼭꼭 동여 매놓고는 감성으로 폴폴 날리는 존재 같았다.
"시인이란 존재는 지상을 떠도는 언어들을 꼬드겨서 시를 만들지. 그래놓고는 스스로는 텅 비어서 허허로움에 쩔쩔매곤 해."
긍정이와 웃음이는 그저 들으면서 앉아 있었다. 시인의 시선이 먼 눈에 담기는 바람을 함께 느꼈기 때문인지도 몰랐다. 긍정이와 웃음이는 사람이 사람에게도 취할 수 있을 거란 말을 직간접으로 느끼고 있었다.

212. 자유로우려면 집착하지마라

"자유로우려면 어떻게 해야 하나요?"
"집착하지 않으면 자유로워진다네."
"어떤 것이 집착입니까?"
"집착은 마음이 한 쪽으로 쏠려서 다른 것을 보지 못하는 것이지. 달리 말하면 욕망의 고정일세."
"더 어려운데요."
"그런가. 쉽게 풀면 욕망으로 자신을 가두지 말라는 말일세."
"욕망을 포기하면 되나요?"
"그렇지 않네."
"그러면 어떻게 해야 하나요?"
"다른 세상, 다른 시선, 다른 소유, 다른 생각이 있는 걸 깨달아야 집착이 사라지지."
"다른 예를 하나 들어 주시지요."
"사람에 집착하면 그 사람이 가진 자유로운 영혼과 신비로움을 가두게 되지. 사랑한다면 소유하지 말고 놓아주어야 하네."
"그렇네요."
"사랑의 반대말은 미움이 아니라 집착이라네."

213. 꿈에는 시간만으로 다가갈 수 없어

"꿈에는 마음만으로는 다가갈 수 없어요. 발자국이 필요합니다."
"발자국이요?"
"그렇지요."
"뚜벅뚜벅 꿈을 향해 직접 걸어가야 손으로 잡을 수 있습니다."
창업학교 교장이 창업자들과의 대담에서 말했다.
"좀 더 쉽게 설명해 줄 수 있나요?"
"시간이나 마음으로 닿을 수 없는 것이 꿈입니다. 꿈에는 행동으로만 다가갈 수 있습니다."

214. 너와 만날 약속을 하는 순간, 행복해졌어

긍정이와 웃음이가 헤어졌다가 다시 만났다.
"나는 너와 만날 약속을 하는 순간부터 행복했어. 너를 생각하는 것만으로도 행복해졌어."
"나도 그랬어. 만날 시간이 가까워 올수록 행복해졌어."
"너도 같았구나. 오늘 만날 약속으로 어제 밤부터 행복했거든. 기다리는 시간이 행복으로 다가가는 그리움인 줄 나도 알았어. 네가 세상에 있어줘서 고마워."
긍정이가 웃음이의 손을 잡으며 말했다.
"맞아. 나도 고마워."
서로 만날 것을 기다리며 행복했던 경험을 공유했다.
"사람이 사람을 만나는 것은 마음 안에 봄이 오는 것과 같아. 그래, 좋은 사람과 약속하는 순간 설레고 따뜻해져."

215. 아름다운 곳을 찾아가는 것도 좋지만 내 자리 아름다운 걸 볼 줄 알아야 돼

"아름다운 곳을 찾아가는 것도 좋지만 내가 서 있는 곳이 아름다운 걸 알아야 해. 그것이 더 먼저야."
정말, 다가오는 말이었다.
"마찬가지로 좋은 사람을 만나는 것도 필요하지만 만나고 있는 사람을 좋아해야 하는 거야."
"참 멋진 말씀이십니다."
긍정이와 웃음이가 환하게 웃으며 노인의 말을 반겼다.
"사랑은 손닿는 곳부터 해야 하는 거야."
속리산에 홀로 살고 있는 노인의 말이 혼자 핀 꽃처럼 빛나 보였다.

216. 종이에 그리면 그림이 되고, 마음에 그리면 그리움이 되는 거야

"그린다는 말은 옮겨 놓는다는 말이야. 종이에 그리면 그림이 되고, 마음에 그리면 그리움이 되지."
"아하, 그렇네요."
공주에서 화가들과 '공주를 그리다'라는 행사에 갔다가 화가들과 긍정이와 웃음이가 이야기를 나누고 있었다. 노광 화가의 말이었다.
노광 화가가 다시 말했다.
"종이에 옮겨 놓으면 그림이 되어 작품으로 탄생하고, 마음에 옮겨 놓으면 그리움이 되어 어둠 속에서도 사람이 보름달처럼 떠오르지."

217. 영웅은 없어. 평범한 사람이 고난을 두려워 않고 넘은 거야

외교잡지〈디플로머시Diplomacy〉를 발행하는 임덕규 발행인을 만났다. 남아프리카 공화국에서 평등선거 실시 후 뽑힌 최초의 대통령 넬슨 만델라Nelson R Mandela를 비롯한 세계 정상과 정상급 인사를 500여 명을 만난 지구의 마당발이었다. 소박하고 꾸밈없는 사람이었다.

"영웅이 따로 있는 것이 아니야. 평범한 사람이 신념을 가지고 도전하는 사람이 영웅인 거야."

"진정한 영웅은 애초에 다른 존재가 아닐까요?"

"영웅은 타고나는 것이 아니야. 자신이 하고 있는 일에 확신을 갖거나 가능하다고 믿고 장애를 극복해서 이룬 사람을 영웅이라고 해."

"영웅은 신념을 가진 사람이라고 할 수 있네요."

"그렇지. 하지만 사람은 저마다 타고난 재능이 있어. 자신만의 재능을 신념과 연결시킬 때 영웅탄생이 가능하지."

32

WEEK

사람은 정의로운
  존재가 아니라
정의롭고자 하는
   존재야

218. 하늘이 문을 열어주어야 한 사람이 태어나는 거야

"한 사람이 태어나려면 하늘문이 열려야 돼."
"오호, 하늘문이요."
긍정이의 눈이 반짝거리며 말했다.
"그렇지. 하늘이 문을 열어주어야 한 생명이 태어나는 거야."
시인의 시적 상상력은 경계가 없었다.
"갑자기 생명의 의미가 존귀해집니다."
이번에는 웃음이가 말했다.
"사람이 태어날 때는 태어나 할 일이 있는 사람에게 하늘이 문을 열어주었지."
"한데 왜 방황하거나 나쁜 일을 하는 사람이 많지요?"
"태어나면서 모든 것을 잊도록 했지. 영점에서 출발해서 이루라는 의미야."
시인과의 대화가 무르익었다.
"각자 잃어버린 자신의 사명을 찾아야 하는 거군요. 찾는 방법이 있나요?"
"있지."
"있다고요?"
"그럼. 안 찾으려고 하고, 내가 원하는 것이 아닌 세상이 원하는 것을 찾아가서 못 찾는 거야."
"그럼. 어떻게 찾아요?"
"사명을 찾는 일은 간단해."
시인은 너무나 쉽게 다시 대답했다.
"마음이 하고 싶은 일이 바로 그 일이야. 하면서 행복한 일이 바로 그 일이고."
"확연하게 다가오지 않아요."
"하나만 더 설명할 게."
"예."
이번에는 긍정이와 웃음이가 함께 대답했다.
"사회적 욕망이나 남을 의식한 욕망을 거둬내면 내가 진정으로 즐거워하는 일이 있어. 자신도 알아. 그게 바로 내 사명이야. 다시 말해 그냥 마음이 끌리는 일이 사명이야."

219. 삶이 아름다운 건 삶이 아름답다고 생각하는 사람에게서만 확인돼

"인생이 아름다운가요?"
노인은 웃으며 말했다.
"답은 간단해. 아름답지도 추하지도 않고, 아프기만 하지도 않고 즐겁기만 하지도 않지. 인생은 물과 같아 무색 무취 무미 무형이라고 할 수 있지."
"?"
인생이 물과 같다는 노인의 말의 의미가 궁금했다. 긍정이와 웃음이의 귀가 반짝 섰다.
"인생 자체는 답을 가지고 있지 않아. 인생은 정의되지 않아서 신비롭고 기적 같은 거야."
노인은 잠시 말을 끊고 쉬었다. 정적이 자연스러웠지만 조금 길게 느껴졌다.
"인생은 아름답다고 생각하는 사람에 의해서 인생이 아름다운 것이 확인된다네. 마찬가지로 인생은 고통스럽다고 생각하는 사람에게는 인생이 고통스러운 것을 확인시켜주지."
노인의 말이 귀에 쟁쟁했다. 큰 느낌이었다. '인생이 아름답다고 생각하는 사람에 의해서 인생이 아름다운 것이 확인된다'는 말.

220. 사람은 정의로운 존재가 아니라 정의롭고자 하는 존재야

사람의 성정에 대해서 논쟁을 하고 있었다. 사람이 착한 존재다, 악한 존재다. 이어서 정의롭다, 정의롭지 않다는 이분법적인 논쟁이 이어졌다. 격앙된 목소리가 오갔다.
듣고만 있던 수염이 흰 노인에게 한 사람이 말했다.
"노인께서는 왜 아무 말도 하지 않으십니까?"
조용히 듣고만 있는 노인에게 불쑥 물었다. 시비 거는 듯한 말이었다.
"나는 할 말이 없습니다."
노인은 답을 피했다.
"인생을 여기 있는 사람들보다 오래 사셨는데 할 말이 없다는 것은 이해가 가지 않습니다. 한 말씀 해보시지요."
할 말이 없어서란 말에 재차 독촉했다.
정중하기보다는 특별할 것이 없겠지만 이야기해 보라는 어투였다.
마지못해 말하듯 노인이 입을 열었.
"살아보니 사람은 정의로운 존재도 정의에 반한 존재도 아니었습니다. 선한 존재도 악한 존재도 아니었습니다."
사람들의 시선이 차분하게 낮은 목소리로 말하는 노인에게로 집중되었다.
"사람은 정의로운 존재가 아니라 정의로우려는 존재입니다. 사람은 착한 존재가 아니라 착해지려고 노력하는 존재입니다."

221. 술은 천국의 음료라 천국을 구경시켜주지

"술이 천국의 음료라고 하셨는데 왜 술을 마시면 엉망이 되지요?"
"당연하지."
"당연하다고요. 천국의 음료라고 하셨잖아요."
"그랬지. 술은 천국의 음료지. 그래서 마시면 즐겁고, 용기도 생기고, 괜히 행복해지기도 하지."
"술주정하고, 행패를 부리고, 폭언을 하기도 하잖아요."
"당연하지."
"당연하다고요?"
"그럼. 당연하지. 술은 천국의 음료라 숨겨놓은 사람의 본성을 다 드러나게 하거든. 술은 좋은 사람은 좋게, 나쁜 사람은 나쁘게 밝혀놓지."

222. 배신하지 않고 나를 응원해 줄 사람은 나 자신 뿐이야

"인생길을 걸어갈 때 나를 응원해 줄 사람이 필요해. 누군 줄 알아?"
"엄마가 아닐까요, 아빠든가."
웃음이가 흔쾌하게 대답했다.
"친구가 아닐까요?"
이번에는 긍정이가 자신 없이 말했다.
"누구보다도 먼저 나를 응원해 줄 사람은 나 자신이어야 해."
"아하, 그렇네요."
"그렇지. 인생이 힘들다고 하는 사람의 공통점은 자기 자신을 응원하지 않는 사람이야. 비관적인 사람들이지."
'인생이 힘들다고 하는 사람의 공통점은 자기 자신을 응원하지 않는 사람'이라는 말이 감동이었다.
"자기 자신을 응원할 수 있는 방법이 있나요?"
"있지. 나를 나 자신에게 당당할 수 있게 만들어야 돼. 그러기 위해서는 응원이 필요해. 내가 살아야 세상이 산다. 그리고 내가 나 자신에게 당당하도록 생각하고 행동해야 해."
"할 수 있을 것 같아요."
"더 확실한 것은 없나요?"
"인생 최고의 선물은 긍정이야."
웃음이가 긍정이란 단어를 듣고 긍정이를 쳐다보았다. 긍정이도 웃음이도 환하게 웃었다.

223. 도전은 나이가 들어서 하는 거야

'도전은 나이가 들어서 하는 거야'라는 도인 같은 노인의 말에 귀가 번쩍했다.
"나이가 들면 하던 일도 내려놔야 하는데 도전이라니요?"
물끄러미 쳐다보며 노인이 반발했다. 도인 같은 노인이 편안한 목소리로 말했다.
"하던 일이 어떤 일이신데요?"
"일이 특별한 것 있나요. 세상으로 나아가 돈 벌고, 사업을 하고, 살아가는 일이지요."
"세대에 따라 도전하는 것이 다르지요. 젊어서는 동적인 일에 도전하는 것이고, 나이 들어서는 정적인 일에 도전하는 것이지요. 다시 말하면 젊어서는 몸으로 하는 일에, 나이 들어서는 생각으로 하는 일에 도전해야지요."
젊어서는 몸으로 하는 일에 도전하는 것이고, 나이 들어서는 생각으로 하는 일에 도전하는 것이란 말에 생각의 불이 켜졌다.
다시 말을 멈추었다 이어갔다.
"도전은 젊어서보다 늙어서 해야 하는 것입니다. 나이 들면 열정이 사라지거든요. 또한 사유와 성찰을 통해서 각성에 이르는 일은 진정 돈 버는 일보다 큰 도전이지요."

224. 사람은 고난을 통해서 완성되는 거야

"농작물이 저절로 크는 것 같지만 안을 들여다보면 다 상처가 있어. 벌레가 갉아 먹은 것도 있고, 무에는 심이 박힌 것도 있어."
"!"
"사람도 그래. 한 사람이 완성되려면 웃음만큼 눈물이 필요하지. 넘어진 만큼 일어나야 하고. 사람은 고난을 통해서 완성되는 거야."
농사를 평생 지으며 산 평창의 산골마을에서 농부가 말했다.
백열전구불이 멀리서 켜지듯이 어둠 속에서 별이 뜨고 있었다.

33
WEEK

참을 수 없는
사랑을 만나면
참지마라

225. 사람으로 태어나 아무 것도 안하는 것은 큰 죄야

"상어는 헤엄치는 걸 멈추지 않지. 잠 잘 때조차도."
"왜지요?"
웃음이가 궁금해서 물었다.
"무게 때문에 헤엄치지 않으면 가라앉거든. 깊이 가라앉으면 수압에 죽을 수도 있어. 흐르는 물에 사는 물고기도 마찬 가지로 자면서 꼬리를 흔드는 걸 멈추지 않아. 떠내려가거든."
"아하, 그렇군요."
신기한 걸 알았다는 듯 긍정이가 표정으로 밝게 말했다.
"사람도 마찬 가지야. 아무 것도 하지 않으면 시간에 떠내려가지."
채식주의자의 강건한 목소리였다.

226. 단순한 것이 진리고 큰 아름다움이야

"진리는 단순하지. 설명할 필요가 없이 이해되고, 손대지 않아도 자연스러워."
"보다 깊고, 넓고, 많은 것을 품으려면 설명되어지고, 이해되어야 하는 거 아닌가요?"
"그렇지."
"그렇다고요?"
"그럼, 그래서 단순해야 되는 이유야."
"이해가 되지 않습니다. 제게는 설명이 필요합니다."
긍정이가 말했다.
"나무는 한 가지만을 실천하려 하지. 일어서는 일이야. 그것만으로 나무의 생명력은 위대하지. 물은 흐르는 일만으로 세상을 품고."
"하나만을 실천하는데 세상을 품어 안거나, 지배하고 있네요."
이번에는 웃음이가 말했다.
"그렇지. 꾸미지 않아도 큰 아름다움을 품은 것이 진리야."
"아하, 그렇군요."
"그래. 진리는 깊은 아름다움, 보편적인 아름다움, 자연스러운 아름다움이지. 그래서 질리지 않는 큰 아름다움이야."

227. 하늘은 최선을 선택하지 않고 최선을 다한 사람을 선택해

"하늘은 옳은 선택을 하겠지요?"
"그렇지 않아."
"그럼 어떤 선택을 하지요?"
"하늘은 최선을 다한 사람을 선택하지."
"무슨 뜻이지요?"
"하늘은 결정하지 않아. 다시 말해 최선을 다한 사람이 세상을 가지도록 하지. 권력을 가진 자가 세상을 잡고, 욕망이 큰 사람이 부자가 되도록 하지. 하늘은 편이 없어."
"너무 불공평해요."
웃음이가 따지듯이 말했다.
"하늘은 최선을 선택하지 않고 최선을 다한 사람을 선택하는 거야. 그래서 도전하는 자가 쟁취하는 거야."

228. 참을 수 없는 사랑을 만나면 참지 마라

"미칠 것 같은 유혹이 오면 참지 말고 미쳐버려!"
젊은 시인이 시인의 친구에게 말했다.
긍정이와 웃음이는 거리연극을 구경하고 있었다.
사랑하는 사람을 만났는데 미칠 것 같다는 사내의 말에 인생을 상담해주는 친구시인의 대답이었다.
"그게 가능할까?"
"가능하지. 멈출 수 없는 사랑을 만나면 멈추어서는 안 되는 거야."
시인이 다시 조용히 그러나 비장하게 자신의 일인 듯 답했다.
"그래, 그래. 나는 미친 사랑에 불타버릴 거야."
"사랑에 불타 죽지 않는다면 무엇에 불타죽을 수 있겠어."
시인 친구의 말에 시인도 뜨거워져 있었다.

229. 진정으로 중요한 건 내가 가지고 있어

"돈 권력 명예는 필요하지만 충족시켜주지는 않아."
"왜지요?"
웃음이가 강하게 반론하듯 외쳤다.
"필요한 양은 생각보다 작아. 하지만 '더'라는 무서운 병이 사람을 힘들게 하지."
"그럼. 뭐가 더 중요한가요?"
"중요한 건 만족해하는 마음을 갖는 거야."
"그게 어디 쉽나요?"
"어렵지도 않아. 삶을 따뜻하게, 살아있음을 고맙게, 내게 주어진 것에 감사함을 가지면 생기는 것들이야. 여름날 솟는 맑은 샘물 같은 거야."
"!"
"만족할 줄 아는 것, 삶의 마지막 구원이자 행복의 출발점이지."

230. 최고의 배려는 거짓말이야. 예의의 절반은 거짓말이거든

심리학자와 이야기를 나누었다.
"거짓말이 예의지요. 배려고요."
"?"
"예의바른 사람일수록 거짓말을 잘하고, 거짓말에 익숙하지요."
"!"
긍정이와 웃음이는 뜻밖의 말이었지만 듣고만 있었다.
"거짓말의 정의는 자신의 속마음을 겉으로 다르게 표현하는 것입니다. 맞지요?"
"예"
심리학자가 동의를 구하자 긍정이와 웃음이는 얼떨결에 대답했다.
"그럼 살펴보세요. '반갑습니다.'라고 말하면서 안 반가운 경우가 반은 되지요. '행복하세요.'라고 일상적으로 말하지만 그냥 인사치레로 하지요."
긍정이와 웃음이는 고개를 끄덕였다.
"그러면 처음 만난 사람에게 '어떻게 그따위로 생겼어요.' 라던가 '옷 입은 것이 천박해 보이는 군요'라고 해보세요."
긍정이와 웃음이는 다시 고개를 끄덕여 동의했다.
"'나는 바른 말을 잘 한다'고 하는 사람이 있는데, 그런 사람이 나쁜 사람이지요. 세상을 힘들게 하고."
"!"
"속마음을 그대로 드러내면 세상은 전쟁터가 됩니다. 세상은 유감스럽게도 거짓말로 평화가 유지되지요. 거짓말은 예의고 배려입니다. 물론 선의일 때지요."

231. 꽃이 피는 건 한 계절이지만 꽃이 피려면 사계절이 다 필요해

"꽃이 피는 건 잠깐이지만 꽃 속에는 사계절이 다 들어있어."
원예사가 꽃밭에 거름을 주며 말했다.
"그래서 꽃이 더 아름다워요."
긍정이와 웃음이가 손뼉을 치며 공감해주었다.
"그래. 꽃이 피는 건 한 계절이지만 꽃을 준비하는 데는 네 계절이 다 필요해. 인생을 꽃 피우는 데도 네 계절이 다 필요해"

34
WEEK

오늘은
새로운 내 인생의
첫날이야

232. 사랑은 비밀을 공유하는 거야

"사랑은 왜 신비스러울까요?"
젊은 시인에게 긍정이가 물었다.
"사랑은 비밀을 공유하기 때문이야. 그리고 부끄러움도 공유하고."
"비밀과 부끄러움을 공유한다고요?"
"그렇지. 아무도 모르는 둘만의 비밀이 신비롭게 하는 거야. 사랑은 비밀만큼, 부끄러움만큼 신비롭지."

233. 세상을 어떻게 해석하느냐에 따라 행불행이 결정되지

파주 교하는 많이 변해있었다. 도시화되어 농촌의 모습을 찾아보기 힘들었다. 교하에서 농사를 짓던 노인과 긍정이와 웃음이하고 재밌게 이야기하고 있었다.
"세상을 원망하는 사람들이 있지. 세상은 누구에게도 개인적인 감정을 가지고 있지 않아. 그래서 세상과 싸워서 이길 수가 없는 거야."
"무슨 의미지요?"
긍정이와 웃음이의 눈이 반짝거렸다.
"세상은 존재할 뿐이야. 감정을 가지고 있지 않은 세상에게 덤벼봐야 이길 수가 없지."
"그러면 세상에 대해 원망해 봐야 자신만 다치는 거군요."
"그렇지. 사랑과 미움이나 슬픔과 기쁨은 밖에서 오는 게 아니라 안에서 만들어지는 거야."
"아하, 맞아요."
"그렇지. 세상은 내가 보는 마음의 눈에 따라 미추가 결정되지. 세상은 또한 내가 해석하는 것에 따라 행불행이 결정되고."

234. 내가 먼저 꽃을 피워야 꽃밭을 만들 수 있어

동화작가의 이야기는 무엇보다 의미가 있었다.
"세상의 풀은 푸르러서 풀이라고 하는 거야. 풀들이 나 하나 꽃 피워 달라질 것이 없다고 하면 지상에는 꽃이 피지 않을 거야. 꽃 한 송이 피우는 따뜻한 마음이 모여서 꽃밭이 만들어지는 거야."
"아하. 그렇네요."
"풀들은 최선을 다해 꽃을 피우지. 나 혼자 꽃 피우면 홀로 아름답지만 너와 나 손잡고 꽃을 피우면 꽃밭이 되거든. 꽃밭은 내가 참여해야 완성되는 거야."
"맞아요, 맞아. 내가 없으면 허전해요."
웃음이가 웃음 지으며 밝은 목소리로 말하자 긍정이도 동화작가도 함께 얼굴에 웃음이 가득 했다.
"꽃 피우는 건 늦어도 괜찮아."
동화작가의 마지막 말이 가슴에 꽂혔다.

235. 당연한 것이 당연할 이유가 없는 거야

"늘 곁에 있고, 익숙한 것이 소중한 거야. 생각해 봐."
정말 그랬다.
"소중하기 때문에 가까이하고, 가까이 해서 익숙해지는 거야. 가장 익숙한 것이 가장 소중한 거야. 하지만 너무 익숙하고 늘 있어서 고마움을 모르지."
"아침에 깨운다고 짜증내고, 반찬 맛이 없다고 투정하고, 잔소리한다고 핀잔주던 엄마가 한순간에 없어졌다고 생각해 봐."
"그건 안 돼요!"
긍정이와 웃음이는 엄마를 떠올리며 그럴 수 없다고 했다.
"익숙한 것에 감사하고, 가까이 있는 것에 고마워해야 해. 그리고 당연한 것이 진정 가치있는 것이야."

236. 인생은 준비하려고 사는 게 아니야

"고등학교 다닐 때 대학 준비하고, 대학 다니면서 취업 준비하고, 회사 다니면서 결혼 준비하고, 직장 다니면서 노후 준비하고, 죽어 자식에게 폐 안 끼친다고 자신의 장례 준비하는 사람들이 있지."
"아마 대부분의 한국 사람들이 그럴걸요."
나이 지긋한 노인의 말에 옆에 있던 젊은 청년이 대답했다. 한강 연날리기 축제에서 우연히 함께 한 사람들이 인생에 대해 이야기하고 있었다.
긍정이와 웃음이도 연을 날리다 잠시 쉬고 있을 때였다.
"인생은 준비하라고 사는 게 아니야. 인생은 누리고, 경험하고, 즐기라고 태어난 거지. 바람이 불면 연이 살아 움직이며 허공을 날잖아."
"!"
"인생도 그런 거야. 살아있을 때 살아야 하는 거야. 그것도 산 것처럼 살아야 해!"

237. 오늘은 새로운 내 인생의 첫날이야

"오늘은 내 인생에서 경험이 가장 많은 날이고, 오늘은 내 새로운 인생을 출발하는 첫날이야."
"와우! 최고예요."
할머니 자랑대회에 참가한 할머니 중 한 분이 '오늘'에 대해 자랑스럽게 이야기 하자 옆에 있던 긍정이와 웃음이가 맞장구를 쳤다.
함께 있던 할머니들도 '오늘은 새로운 내 인생을 출발하는 첫날'이라는 말에 박수를 치며 좋아했다.

238. 진정한 여행자는 머물 줄 알아야 해

"여행자에게는 두 개의 필수적인 행동원칙이 있지."
"뭐예요?"
정말 궁금해서 나이 든 여행자에게 긍정이가 물었다.
"유목과 정착이야."
"!"
"여행은 끝없이 떠나는 것 아닌가요?"
"머물 줄 알아야 떠나는 의미를 알게 돼."
"어떤 면에서요?"
"머물지 않는 여행은 의미가 없어. 생각은 머물 때 비로소 깊어지거든. 사람을 만나면 머물고, 아름다운 풍경을 만나면 머물게 되지."
"아하!"
"물의 표면이 고요해야 세상을 비출 수 있는 것과 같아. 머물 때 더 큰 세상을 만나고, 머물 때 사랑도 깊어지지."

35
WEEK

사랑은 인생에서 가장 따뜻하고 행복한 시간이야

239. 내가 웃으면 세상에 꽃 한 송이 핀 거야

할머니 자랑대회에 참여한 할머니들의 웃음이 가득했다. 할머니 자랑대회는 인생을 살아오면서 가장 자랑하고 싶은 이야기를 하는 대회였다. 소녀들처럼 맑고 환했다.
"여기 나이 든 소녀들이 웃으니 꽃들이 피어난 것처럼 꽃밭이 되었네."
"그래 맞아요. 한 사람이 웃으면 꽃 한 송이가 피어난 것과 같아. 다 같이 웃으니 꽃밭이 되었네요."
다른 할머니가 말하자 할머니들이 또 다 같이 또 웃었다. 서로의 자랑을 칭찬해주는 할머니 자랑대회는 힘이 넘쳤다. 천국이 여기 있었다. 웃음이 웃음을 낳았고, 웃음이 꽃 한 송이 피는 것만큼 고왔다.

240. 그리운 만큼 다가가라

"그리운 것은 같이 하지 못하는 것에 대한 안타까움이야."
"맞아요! 함께 하고 싶을 때가 있어요. 그것이 그리운 거예요."
긍정이가 큰 것이라도 깨달은 듯 박수를 치며 인정했다.
"그리움은 참고 견디는 것이 아니라 먼저 다가가야 하는 거야."
"다가갈 수 없을 때는요?"
"잘 익은 커피향을 즐기듯 그리움은 잘 익은 보고픔이거든. 그래서 즐겨야 하는 거야."
산이 좋아서 산에 들어와 사는 사람이었다. 산에 들어와 나무와 시내 그리고 동산과 함께 사니 사람이 그리워진다고 했다.

241. 웃는 장사가 남는 장사야

"이익을 많이 내면 적을 만들고, 이익을 적게 내면 내가 망하지."
"그럼. 어떻게 해야 하나요?"
"그야 서로 남는 장사를 해야 하는 거지. 마음 장사부터 할 줄 알아야 돈 버는 장사도 할 수 있는 거야."
"글쎄. 그게 뭐냐고요?"
같이 채소를 떼어다가 파는데 항상 자신보다 빨리 팔고, 많이 파는 나이 든 배추장수에게 젊은 배추장수가 짜증 섞인 목소리로 말했다.
"웃음장사야. 웃음장사가 남는 장사지. 친절장사가 남는 장사고."
"?"
"밑천 없이 얼굴에 웃음을 담으면 되는 장사지. 웃으니 나도 덩달아 즐거워지고, 손님도 즐거워지고."
"?!"
"야채를 사고파는 일보다 먼저 서로 남는 웃음장사를 한 거야. 서로 이익을 얻었으니 야채를 파는 일은 그냥 덤이지."

242. 지금의 나는 지금까지 행동한 나의 아바타야

"지금 내 모습은 지금까지 내가 선택한 결과물로 만들어진 거야."
"!"
"지금의 내 모습과 다른 나를 원한다면 지금까지와는 다른 선택을 해야 하는 거야."
"그렇네요."
"그러려면 다른 생각, 다른 행동이 필요하지."
셀프리더십, 즉 자기관리법에 대한 인문학 강의가 끝나고 뒤풀이 시간에 '더 나은 미래를 만들려면 어떻게 살아야 하느냐'는 질문에 교수가 한 말이었다. 너무나 당연한 말이지만 살아온 인생을 돌아보게 하는 말이었다.

243. 사랑은 인생에서 가장 따뜻하고 행복한 사건이야

"사랑은 사람의 일 중 가장 빛나는 일이야."
귀가 번쩍했다.
빨래를 개며 던지듯 말한 진천 느릅실 할머니의 목소리에는 힘이 들어 있었다.
"살아보니 사람은 사랑으로 살고, 사랑은 사람에게 가장 잘 어울리는 말이었지."
"어떤 사랑이 가장 아름다우셨어요?"
"한 사람에 몰입하는 사랑이었지. 번개 맞은 기분이었어."
진천 느릅실 할머니의 눈길이 순간 멀어졌다.
"사랑에서 가장 중요한 것은 무엇이라고 생각하세요?"
"사랑은 실천할 때 사랑이야."

244. 휴일에는 걱정도 휴일이어야 하는 거야

"요일을 정한 이유가 있어. 요일은 세상에서 가장 중요한 것들로 만들어졌지."
"그런가요?"
"그럼. 일월화수목금토는 해달불물나무쇠흙으로 만들어졌거든. 아주 근원적인 것들이지."
"정말 그렇네요."
"사람이 살아가면서 쉬는 날이 필요한 걸 알게 되었지. 그것이 휴일이야."
"토, 일요일이네요."
"예전에는 일요일만 쉬었고, 지금은 토요일과 일요일을 쉬지. 앞으로는 더 쉬는 날이 늘어날 거야."
"쉬는 날에 걱정하며 사는 것이 안타까워요."
웃음이가 물었다.
"쉬는 법을 몰라서 그래."
"뭐지요?"
"휴일은 몸이 쉬라고 있는 것도 있지만 걱정도 쉬라는 것이거든."

245. 비의 유전자는 초록색일 거야

시인이 비가 내리는 것을 보고 말했다.
"하늘과 땅 사이에 수많은 기둥을 세우는 비를 봐. 추락하면서 기둥을 세우는 비의 힘으로 하늘은 무너지지 않는 거야."
긍정이와 웃음이는 감동했다.
"비는 추락하지만 생명을 기르지. 상승보다 위대한 추락이 비야. 지상에서 생명을 기르는 위대함보다 큰일은 없지."
"맞아요. 비는 위대한 일을 하네요."
"그래서 옛분들은 '비가 오신다.'고 했지. 비가 생명의 근원이었기 때문이야."
"아하. 비가 오신다는 말, 너무 좋아요."
웃음이가 시인의 말을 받았다.
"비는 생명들의 몸속에 기둥을 세워주거든. 그래서 생명들의 유전자에는 추락하면서 기둥을 세우는 비의 유전자가 들어있어 나무를 일어서게 하고, 풀이 곧게 서도록 하고, 생명들을 일어서게 하지."
긍정이와 웃음이는 자신의 몸속에 기둥이 들어 있는 듯한 행복한 착각을 했다.
시인이 다시 말했다.
"비의 유전자는 초록색일 거야."

36

WEEK

*함정은
안전하게 보이도록
미끌어져 있어*

246. 여행은 몸으로 읽는 독서, 독서는 마음으로 떠나는 여행이야

"사람을 사람답게 하는 것이 책이고, 책을 책답게 하는 것이 사람입니다."
"그 말 의미 있네요."
"책이 사람을 성장시키고, 사람이 책을 성장시키기도 하지요."
"세상에 대한 선답禪答을 하시는 것 같아요."
"짧고 단순하게 표현하려니 그렇게 보였나 봅니다."
인문학 작가의 말은 핵심만을 짚어 명쾌했다. 책과 사람에 대한 관계를 쉽게 정의해 주었다.
"여행과 독서도 관계가 있을까요?"
"그럼요. 여행은 몸으로 떠나는 독서, 독서는 마음으로 떠나는 여행이지요."
"우와. 확실하게 정리해 주시네요. 여행은 몸으로 세상을 경험하고, 독서는 마음으로 세상을 경험하는 것이 맞네요."
인문학자가 긍정이와 웃음이의 말에 환하게 웃었다. 긍정이와 웃음이도 환하게 웃었다.

247. 요즘 아이들이 버릇없다고?

"요즘 아이들은 버릇이 없어요!"
불만 섞인 목소리로 중년의 사내가 말했다.
"요즘 아이들은 버릇이 없어야 하는 거예요."
역시 중년의 철학자가 말했다. 뜻밖의 말이었다. 요즘 아이들은 버릇이 없어야 한다고 했다.
"무슨 의미지요?"
긍정이가 말의 의미를 물었다.
"인류의 역사는 발전 또는 퇴보를 거듭하며 변화해 왔지. 자연스럽게 풍습도 변하지. 꼭 변한 만큼 새로운 세대는 욕을 먹게 되어있거든."
"아하! 기존 도덕과 관습에서 변한 것만큼 요즘 애들은 버릇이 없는 것이군요."
"그렇지. 재미있는 현상이 있어."
"뭔데요?"
웃음이가 호기심 가득하게 물었다.
"요즘 아이들 버릇없다고 나무라는 세대는 언제나 버릇없다는 아이들을 가르친 사람들이지."
모두 환하게 웃었다.

248. 여행을 가면서 계획을 짜는데 긴 인생길을 가면서 인생계획표를 짜봤니?

인생 계획표를 스스로 만들도록 하는 네비게이터십을 개발한 구건서 박사를 만났다. 중학교를 중퇴해서 택시운전을 하다가 지금은 박사학위까지 취득한 입지전적인 인물이었다.
"인생 계획표가 있나요?"
구건서 박사의 말에 긍정이와 웃음이는 말문이 막혔다. 인생에 대해 구체적인 계획을 짜 본 경험이 떠오르지 않았다.
"여행을 갈 때는 계획을 세우지요?"
"그럼요."
"긴 여행인 인생계획표는 진정으로 필요합니다."
"예!"
긍정이와 웃음이는 대답을 해놓고는 멋쩍어서 크게 웃었다.
가까운 곳을 여행하며 계획표를 짜고, 긴 여행인 인생계획표는 짜지 않은 자신을 바라보니 멋쩍었다.
"목표가 있고 계획이 세워져 있으면 길을 잃지 않아요."
"예!"
대답해놓고는 인생 계획을 세운 경험이 없어서 긍정이와 웃음이는 다시 한 번 크게 웃었다.
구건서 박사도 따라 웃었다.

249. 좋은 인연을 만드는 건 사람의 일이야

"만남을 주선하는 건 하늘이고, 좋은 인연을 만드는 건 사람이 할 일이야."
"무슨 뜻이지요?"
"말 그대로야. 사람이 사람을 만나는 인연은 하늘이 만들어주지만 인연을 좋은 인연으로 만드는 건 사람의 일이야."
"아하, 만남은 하늘이 만들어주고, 좋은 관계는 사람 몫이란 거지요?"
"그렇지. 특히 만날 때보다 헤어질 때가 더 중요하고."
여행자로서 만났다 헤어지는 순간은 산뜻하면서도 여운이 남곤 한다. 긍정이와 웃음이도 그랬고, 같은 길을 동행했던 여행자도 그랬다.

250. 사랑은 거부할 수 없는 거야

사랑에 배신당해 분노하는 여인이 심리학자와 상담하고 있었다. 공개된 자리였다.
"사랑은 계절과 같습니다. 새로운 봄은 겨울을 딛고 찾아옵니다."
"자연과 사람은 다르지요!"
여인의 목소리가 컸다.
"사랑의 첫 번째 배신은 첫사랑에 눈 뜰 때입니다. 엄마보다 더 사랑하는 사람을 만날 때입니다."
"엄마를 버린 건가요?"
옆에서 듣고 있던 다른 여인이 말했다.
"엄마를 버린 것이 아니라 새로운 사랑에 눈 뜨는 것입니다. 사랑은 배신이 아니라 봄이 찾아오듯 거부할 수 없는 것입니다."
"사랑은 거부할 수 없나요?"
"사랑은 거부할 수 없을 때 사랑입니다. 당신을 버렸다는 그 사랑도 당신을 버린 것이 아닙니다. 꽃이 피는 기간이 있듯이 사랑도 꽃피는 기간이 있습니다. 엄마와 함께 있는 것보다 더 좋은 사람을 만나듯이 새로운 사랑이 찾아옵니다."
"사랑에도 시기가 있다고요?"
"그렇습니다. 모든 사랑에는 유효기간이 있지요."

251. 철쭉꽃 피는 날엔 하늘과 땅 사이에서 사람이 웃어라

"웃음은 하늘의 별 같고, 울음은 지상의 꽃 같아라. 철쭉꽃 피는 날엔 하늘과 땅 사이에서 사람이 웃더라."
시인이 황매산에서 말했다.
5월의 철쭉이 아름다운 산이었다.
"세상을 받아들인 사람은 웃고, 세상에 등을 돌린 사람은 울지요. 같은 세상을 바라보는 시선의 차이가 천국과 지옥을 만듭니다."
이번에는 심리학자가 말을 받았다.
"부정적인 사람은 자신의 삶마저도 부정하고, 긍정적인 사람은 타인의 삶까지도 안아줍니다."
이번에는 다시 시인이 말했다.
"꽃 피는 날엔 눈물도 긍정할 수 있어라."

252. 함정은 안전하게 보이도록 만들어져 있어

구루마에 과일을 놓고 파는 노점에서였다. 여인이 과일을 너무 들었다 놨다 하면서 오래 고르자 과일장사가 한 마디 했다.
"보기는 안 좋아도 새가 파먹은 과일이 맛있고, 벌레 먹은 채소가 안전합니다."
"그래도 보기 좋은 것이 좋은 거지요."
여인이 신경질을 담아 말하자 옆에 있던 할머니가 말을 받았다.
"살아보니 함정은 안전하게 보이도록 만들어져 있어요. 보기 좋고, 걷기 좋은 곳에 함정이 있지요. 거칠어 보이는 것에는 속임이 없어요."

37
WEEK

세상에 예의를 갖춰봐.
그러면 세상도
예의를 갖추고 다가오지

253. 세상의 중심이 나 자신에게 있지만 그것을 깨닫는 것은 자신의 몫이야

세상을 여행하다 고향으로 돌아와 쉬고 있는 젊은 청년이 있었다.
"아무리 찾아다녀도 천국을 만나지 못했습니다."
"조금만 더 다니면 만날 것일세."
젊은 여행자의 말을 받아 늙은 여행자가 말했다.
긍정이와 웃음이는 순간적으로 느꼈다. 흥미로운 이야기가 전개될 것이라는 것을.
"천국 같이 평화로운 곳을 만날 수 있을까요?"
젊은 여행자가 다시 말했다.
"조금만 더 다니면 천국이 올 걸세."
늙은 여행자가 다시 같은 말을 했다.
"그러면 천국 같은 곳이 어디에 있습니까?"
"천국은 어디에 있는 것이 아니네."
"예? 무슨 말씀이 그렇습니까."
젊은 여행자는 항의하듯 말했다.
"천국은 어디에 있는 것이 아니라 마음으로 만드는 것일세."
"?"
"천국은 장소가 아니라 마음의 상태라네."

254. 현자보다 엄마가 필요해

"엄마가 보고 싶어."
칠십이 넘은 할머니가 하늘을 바라보며 말했다.
"나이가 들어도 엄마가 보고 싶은가 봐요?"
웃음이가 물었다.
"그럼. 당연하지."
"!"
"현자보다 엄마가 필요한 곳이 사람 사는 세상이야. 현자를 만나지 않아도 세상을 살 수 있지만 엄마 없이는 세상을 살아갈 수 없어."
"맞아요."
이번에는 긍정이가 인정했다.
"옳은 말보다 따뜻한 말이 필요해. 그리고 현자보다 내 편인 엄마가 필요한 것이 세상이야."
"맞아요."
긍정이와 웃음이가 함께 대답했다.

255. 남을 인정해야 나를 인정받게 되는 거야

"인정받고 싶으면 인정해주면 돼. 내가 크고 싶으면 남이 크는 것을 도와주면 돼."
"너무 쉽게 말씀하시네요."
성공학에 대한 내용을 성공학 교수가 의욕을 잃은 한 학생에게 이야기했다.
"정말이야. 세상은 쉬워."
"말씀처럼 그게 쉽나요?"
"절말 쉬워. 해 봐!"
의욕을 잃은 학생이 반응이 없자 다시 말했다.
"안 된다는 생각을 가지고 있으면 행동이 일어나지 않아. 결국 아무것도 할 수 없어. 된다는 생각에는 행동하게 하는 힘이 들어있지."
"이론으로는 다 되지요."
그래도 인정할 수 없다는 표정이었다.
"날개 없는 사람도 비행기를 만들어 날고, 수영에 약한 사람이 배를 만들었잖아."
"…"
학생이 아무런 반응이 없자 성공학 교수가 말했다.
"실패하지 않는 방법을 알려주겠네."
"어떤 방법이요?"
학생의 얼굴에는 호기심이 보였다.
"도전할 수 없는 식물인간으로 사는 걸세."

256. 천국은 내 탓하고, 지옥은 네 탓 하는 곳이야

"천국과 지옥은 하나가 다르다고 합니다."
동화작가가 천국과 지옥에 대해 이야기했다. 긍정이와 웃음이도 담화에 참여하고 있었다.
"지옥은 서로 내 것이라며 싸우고, 천국은 서로 네 것 하라며 배려하는 것이 다르지요."
"간단하네요."
"마음 하나가 천국과 지옥을 갈라놓았지요. 무슨 일을 해도 지옥은 상대의 잘못을 지적하며 서로 네 탓이라며 싸우고, 천국은 서로 내 탓이라며 잘못을 고치려하는 것이 다르지요."
동화작가의 말을 이어서 동시를 쓰는 여인이 말했다.
"맞아요. 사실 칭찬과 비난은 마음먹기 달렸지요. 잘된 것은 당연히 칭찬하면 되고, 잘못된 것은 위로하면 천국이 되지요. 천국은 어디에 있는 것이 아니라 만들어내는 것이지요."
이번에는 웃음이가 웃으며 말했다.
"좋아요. 우리 천국 만들어요!"

257. 행복으로 바쁘려면 사소한 기쁨을 느낄 줄 알아야 돼

마당에 핀 꽃을 바라보고 흐뭇한 표정을 짓는 할머니에게 긍정이가 말했다.
"할머니. 행복해 보이세요."
"바람이 불어오고, 불어가는 것을 느껴 봐."
"어떻게요?"
"바람을 온 마음으로 느껴 봐. 가슴이 아리아리해져. 행복은 있는 걸 그대로 받아들여야 샘물처럼 솟아나는 거야."
'행복은 있는 걸 그대로 받아들여야 샘물처럼 솟아나는 거야'라는 말이 따뜻했다.
"그냥 행복해 보이세요."
"내게 오고가는 것들을 고맙게 받아들이면 돼."
"어떻게요?"
"그냥 계절이 오고 가는 것을 바라보고 있는 것만으로도 행복해져. 참 신기해."
"뭐가 그리 행복하세요?"
행복에는 이유가 있어야 할 것 같아 웃음이가 물었다.
"바람의 온도를 느낄 수 있고, 바람이 비를 품고 있는가, 없는가를 알 수 있어. 바람의 변화를 느끼는 것만으로도 행복해 질 수 있어. 작고 소소한 것이 예뻐져. 행복에 이유가 없을 때 행복으로 바빠질 수 있지."
'행복에 이유가 없을 때 행복으로 바빠진다'는 말에 마음이 멈췄다.
"행복으로 바쁘다는 말씀이 참 좋아요."
이번에는 웃음이가 말했다.

"맞아. 행복은 크기보다 횟수가 더 중요해. 행복의 크기는 고무풍선 같은 거야."

258. 좋은 일은 바로 지금, 여기에서 나부터 출발해야 해

"만나면 마음이 따뜻한 사람이 있어요. 헤어질 때면 아쉽고, 떨어져 있으면 그리운 사람이 있어요."
사회운동을 하는 사람의 목소리에 힘이 들어가 있었다.
"맞아. 내가 먼저 그런 사람이 되어주면 돼. 바로 한 사람씩만 전해주면 나에서 너로, 너에서 다시 다른 너로 끝없이 이어지지. 아주 간단하게 온세상이 따뜻해질 거야."
옆에 있던 사회운동가가 다시 힘을 실어주었다.
"알았어요. 저부터 지금 할 거예요."
긍정이가 티 없이 맑은 목소리로 말했다. 긍정이의 목소리가 꽃처럼 밝았다.
"맞아. 나부터 출발하면 돼. 출발지는 바로 지금, 여기야. 시작하는 순간 내 인생에 혁명이 일어나지."
웃음이도 기분좋게 웃으며 말했다.
긍정이와 웃음이의 목소리도 밝고 맑았다.

259. 세상에 예의를 갖춰 봐. 그러면 세상도 예의를 갖추고 다가오지

"정말 사람들 상종할 게 못 돼요."
"아니야. 그래도 세상은 공정해. 세상을 막 살면 세상도 내게 막 대하고, 세상에 예의로 대하면 세상도 나에게 예의를 갖추지."
세상은 사람 살 곳이 못 된다는 청년과 그래도 세상은 살만하다는 노인의 부드러운 언쟁을 지켜보고 있었다.
"제게는 세상이 폭력적이던데요."
"무거운 짐을 끌고 가는 수레를 밀어줘 봐. 따뜻한 웃음이 건너오지. 실시해 보게."
노인의 권유에 청년이 지나가는 수레를 밀어주었다. 수레를 끌던 노인이 환한 얼굴로 고마워했다.
노인은 청년에게 다소 직접적으로 말했다.
"나를 보호한다고 주위에 지뢰를 깔아 봐. 나도 지뢰밭 가운데 살게 돼. 힘들지만 주위에 꽃을 심어 봐. 꽃밭에 살게 되지."
"!"
"하나 더 알려줄까?"
노인의 말에 청년은 말이 없었다.
그래도 노인이 부드러운 목소리로 말했다.
"좋은 일을 해서 좋은 일로 내게 돌아오는 시간은 길어. 하지만 나쁜 일은 즉각 되돌아 와. 지나가는 사람에게 욕을 해 봐. 바로 욕으로 돌아오지."

38
WEEK

지서 열을
쌓으면
지혜 하나가
생기는거야

260. 아침은 어둠을 지나야 만날 수 있어

죽을 고비를 넘긴 등산가와 이야기를 나누고 있었다.
"모든 아침은 어둠을 지나야 만나게 되더군. 죽을 고비에서 확실하게 깨달았지."
"어둠이 두렵지 않았어요?"
긍정이가 물었다.
"새벽은 가장 깊은 어둠을 지나야 찾아오는 거라는 이야기를 어릴 때 할머니로부터 들었어. 어둠이 깊었으니 새벽이 올 거고, 기어이 아침이 올 거라고."
빙벽을 오르다 추락해서 가까스로 구조된 등산가와 긍정이는 말이 잘 통했다.
"잘 견디셨어요."
"한데 산은 왜 오르세요, 정상에 오르면 아무 것도 없는 허공인데."
긍정이가 등산가를 잘 견뎠다며 응원하자 옆에 있던 웃음이가 생뚱맞은 질문을 했다.
"원래 산은 더 오를 수 없는 허공을 만나러 가는 거야."
"허공을 만나러 간다고요?"
"그렇지."
"왜요?"
"원래 정상은 더 오를 곳이 없는 허공이야. 허공에서 인생을 비로소 깨닫게 되거든."
"이해할 수 없는데요."
긍정이가 이해할 수 없다는 표정을 짓자 등산가가 다시 말했다.
"절대 욕망은 절대 불안정한 것이란 것을 깨닫고 나면 낮은 곳의 따뜻함을 알게 되거든."
"그렇다면 최종목표가 정상이 아니네요."
"그렇지. 실제 산을 오르는 등산가에게 최종 목표는 안전한 하산에 있지."

261. 세상은 내가 한 행동대로 따라서 돌려줘

"어떻게 살아야 하는지 정말 어려워요."
험하게 세상을 살아 닳고 닳은 사람이 말했다.
"세상이 나를 속이고, 세상이 나를 힘들게 해요."
젊은이는 자신을 힘들게 하는 것이 세상이라고 했다.
조용히 듣고 있던 노인이 석류나무 그늘에 앉아서 말했다.
"세상은 나를 따라 한다네. 세상은 내가 하는 대로 내게 돌려주지."
"무슨 말씀이신지 모르겠습니다. 세상은 무서워요. 눈 감으면 코 베어가는 세상인 걸요."
"그렇군."
대답을 하면서 노인이 지그시 웃었다. 다시 이어서 말했다.
"한 번 웃어 보게."
어색하지만 젊은이가 웃었다.
주위 사람들이 어색하게 웃는 젊은이를 보고 웃었다.
그러자 젊은이도 쑥스러워 웃었다. 주위 사람들이 그런 모습을 보고 더 크게 웃었다. 다 같이 웃었다. 웃음이 웃음을 이어가게 했다.
"웃으면 웃음이 돌아온다네."
"그렇네요."
"화난 사람을 만나고 싶으면 먼저 화를 내면 되네. 욕을 듣고 싶으면 먼저 욕을 하면 되네. 바로 욕이 돌아오네. 대접 받고 싶으면 먼저 대접하면 되는 것이 세상일세."
노인이 잠시 숨을 골랐다가 이어서 말했다.
"세상은 내가 하는 대로 따라서 내게 돌려준다네."

262. 지식 열을 쌓으면 지혜 하나가 생기는 거야

"성인들이 말하길 책을 많이 읽지 말라는 이야기를 본 적이 있습니다. 이해가 가지 않습니다."
"창고를 가득 채우지 말라는 것일세. 다시 말하면 창고를 가득 채우면, 번거로워진다는 것이야."
철학을 공부하는 사람들의 공간에 긍정이와 웃음이가 참여하고 있었다. 모임의 좌장과 참여자가 질문과 답을 하는 시간이었다.
"지식창고를 말씀하시는 게지요?"
"그렇네."
"지식이 많으면 왜 번거롭지요?"
"생선 10마리를 보관할 때 줄 하나에 꿰면 정리가 되는 것과 같네. 줄이 지혜고, 생선 10마리는 지식일세."
"그렇다면 지식과 지혜는 무엇이 다르지요?"
"지식이 열이면 지혜가 하나 생긴다고 생각하면 되네. 지식은 창고를 채우고, 지혜는 창고를 정리하는 것일세."
"지혜는 공부로 가능한가요?"
"당연히 가능하지. 하지만 지혜는 창조의 영역이고, 지식은 노력의 영역일세."

263. 지상에 내가 살아있는 것이 당연하지?

'하늘에 별이 떠있는 것이 당연하지?'
"예."
'땅에 풀이 자리는 것이 당연하지?'
"예."
"풀과 나무가 꽃을 피우고 열매를 맺는 것도 당연하지?"
"예."
비슷한 말을 자꾸 물어 마음이 언짢았지만 참하게 대답했다.
"그러나 어느 순간 당연한 것이 당연하지 않을 때가 와. 세상에 당연한 것은 없어."
"오호! 그래요."
다시 생각해 보니 그랬다.
"숨을 쉬고 있는 것이 감사하고, 걸을 수 있는 것이 감사하고, 일을 할 수 있는 것이 너무나 감사한 일이야. 당연한 것이 대부분 큰 고마움이야."
"아. 그렇네요."
긍정이와 웃음이가 감탄하며 말했다.
"감사할 때 삶은 고맙고 따뜻해지지. 감사할 때 인생은 의미를 가지게 되고."
주왕산 기슭에 혼자 살고 있는 할머니의 말씀이 별 같았다. 가구라고는 발 짧고 키 작은 장롱이 다였고, 텃밭에는 배추와 무가 시퍼렇게 자라고 있었다.

264. 노력은 누구나 해. 다르게 태어났을 뿐이야

한 부자가 가난한 노인에게 말했다.
"가난한 사람은 게으른 사람들이야. 노력을 하지 않아."
부자가 빈자들의 가난하게 살 수밖에 없는 이유를 대며 비난했다.
옆에서 듣고 있던 허름한 차림의 노인이 말했다.
"누구도 노력하지 않는 사람은 없습니다. 타고난 머리와 능력이 다를 뿐이지요."
"그렇지 않아요. 인생을 나태하게 살아서 가난한 거예요."
그러자 다시 허름한 차림의 노인이 차분한 목소리로 말했다.
"그러면 당신은 부자십니까?"
"그렇지요. 저 너른 땅과 돈이 증명하고 있지요."
허름한 차림의 노인이 여전히 차분하게 말했다.
"나는 가진 돈을 다 썼어요. 그래도 부자지요."
"지금 돈이 없으면 가난한 겁니다."
허름한 차림의 노인이 크게 웃으며 말했다.
"나는 이미 내 소유의 돈을 더 가난한 사람에게 기부했으니 가난하지 않아요. 내가 소유했던 재산들은 빈민을 구제했고, 입학금이 되어 학교를 다니게 하는 힘이 되었지요."
부자는 아무 말도 하지 못했다.
"땅을 포함한 자연은 누리는 자의 것이지요. 소유한 자가 주인이 아닙니다. 소유한 사람은 주인이 아니라 관리인이지요."

265. 당신은 소유한 관리자고, 나는 소유하지 않고 누리는 주인이야

부자와 허름한 옷을 입은 사람의 언쟁은 계속 되었다.
"그래도 나는 부자입니다. 내 것이 많다는 것은 더없는 자랑입니다."
다시 허름한 차림의 노인이 차분하게 말했다.
"당신은 재산을 지키느라 더 큰 것을 잃고 있습니다."
"그렇지 않아요!"
부자는 단호하게 말했다.
"그렇지 않기를 바라지만 당신은 마음을 돈과 땅에 빼앗기고 있습니다. 당신은 소유하고 있지만 그것으로 할 수 있는 게 없습니다."
"재산은 누가 뭐래도 소유한 사람의 것입니다."
부자는 단호하게 말했다.
허름한 차림의 사람이 다시 말했다.
"당신의 땅은 당신 이름으로 등기되어 있지만 나는 가난한 사람들에게 나누어 주고, 내가 소유했던 재산보다 더 큰 자연을 보고 즐기고 누리고 있습니다."
부자는 할 말이 없었다.
허름한 차림의 사람이 계속 말을 이었다.
"돈은 쓰는 사람이 임자고, 인생은 누리는 자가 임자지요. 시간은 사용한 자가 주인이고요. 당신은 소유한 관리자고, 나는 소유하지 않고 누리는 주인입니다."

266. 뒤에서 안아주면 심장은 같은 방향에서 뛰어

인문학 강의에 참여하고 있었다.
"사람에게서 가장 넓은 면적을 차지하고 있는 곳이 어디인 줄 아십니까?"
저자가 청중에게 물었다.
"가슴이요."
"배요."
저자는 아니라고 했다.
"등이요."
젊은 여인이 답했다.
저자가 웃으며 인정했다.
"사람에게서 가장 넓은 면적을 차지하고 있는 곳은 등입니다."
청중 모두 인정했다.
"가장 넓은 면적을 차지하고 있는 등은 아쉽게도 부정적인 면을 가지고 있습니다. 배반을 뜻할 때 등을 말합니다."
장내가 숙연해졌다.
"등은 이별, 배반을 상징하는 공간입니다. 하지만 뒤에서 안아주면 심장이 같은 방향에서 뜁니다."
"아하!"
청중 중에서 한 사람이 탄성을 질렀다.
"그리고 등을 서로 기대면 서로에게 언덕이 됩니다. 의지가 되지요."

39
WEEK

사람으로 산다는 것은
누군가에게
언덕이 되어야
하는거야

267. 스스로 선택한 고난은 도전이다

"고난이 살게 하는 힘일 때도 있네."
"고난은 고난일 뿐이지요."
긍정이와 웃음이는 미국 뉴욕의 빈민가를 지나고 있었다. 빈민가에서 만난 노인의 말에 빈민가에서 살고 있는 청년이 반박했다.
노인은 목소리를 낮춰 조용하게 말했다.
"에베레스트를 오르는 등반, 노래 한 곡을 작곡하기 위해 밤을 새며 끙끙거리는 밤, 가난으로 굴러 떨어져서 재기하려는 땀방울,
모두가 스스로 선택한 고난일세."
청년은 이번에는 반박하지 않고 듣고 있었다.
노인이 다시 말을 이었다.
"스스로 선택한 고난을 도전이라고 하네. 도전에는 사람을 꿈꾸게 하는 힘이 있다네."

268. 소유하는 순간 자유로울 수 없어

"자유로운 영혼이십니다. 언제든 떠나고, 돌아올 수 있으시니 부럽습니다."
"부러워할 필요 없어요. 지금 떠나면 됩니다. 그리고 돌아오고 싶을 때 돌아오면 됩니다."
"그게. 말처럼 쉽지 않아서."
여행자의 말에 마을 촌장이 더듬거리며 말했다. 마을 촌장은 여행을 떠나보지 못한 자신을 아쉬워하고 있었다.
"자유로운 영혼이 되려면 어떻게 해야 합니까?"
"단순하고, 쉽습니다. 두 가지만 충족되면 됩니다."
"무엇이지요?"
"집착하지 않으면 됩니다. 그리고 쓸쓸함과 친해질 수 있으면 됩니다."
"어려운 것이 아닌데 저는 왜 못하지요?"
스스로를 원망하며 물었다.
"가진 것에 집착하고, 외로움으로부터 벗어나려 해서지요."
"저는 부자도 아니고, 충분히 외로운데요."
"부자가 아니지만 가진 것들로부터 마음이 잡혀있는데 몸이 떠날 수 없지요. 외로움도 마찬가지입니다. 외로움에서 벗어나려 하지 말고 즐길 줄 알아야 합니다. 외로움에서 벗어나려 하니 외로움과 친구가 될 수가 없는 것입니다."

269. 사람으로 산다는 것은 누군가에게 언덕이 되어야 하는 거야

"나 혼자 바르게 살아서 뭐하나 싶을 때가 있지."
"맞아요. 정말. 나만 바보처럼 사나 싶을 때가 있어요."
"그렇지. 그럼에도 바르게 살아야 힘을 가질 수 있네."
말을 잠시 멈추었다가 다시 시작했다.
"늘 한결 같은 산. 산이 한 일이라고는 그냥 그대로 한 자리에 있었던 것이지만 꽃에겐 산이 언덕이 되어준 게지."
"맞아요."
"자신의 자리에 있는 것만으로도 힘이 되는 것들이 있어. 사람의 자리가 그래야 해."
"아하."
할머니의 말에 긍정이와 웃음이의 맞장구가 잘 맞아 떨어졌다. 두륜산에서 평생을 사신 할머니의 말씀이 든든했다.
"나 혼자 뒤쳐져 산다 싶다가도 나도 누군가에게 언덕이었지, 하고 위로하곤 해."
"언제 그러셨어요."
"모자라게만 산 내 인생도 한때는 내 자식들에게는 작은 언덕이었다, 생각하면 인생이 쓸쓸하지만은 않아."
"그럼요. 할머니의 인생은 진정 고운 꽃이세요."
"그래. 내 인생에 언덕이 되어준 분들이 있어 내가 있었듯이, 나도 누군가의 언덕이 되어주어야 해."
긍정이의 말에 할머니도 웃음이도 활짝 웃었다.

270. 혼자 떠나는 여행에서 필수지참물은 쓸쓸함이야

"혼자 여행하는 이유가 있나요?"
여행자에게 젊은 여인이 물었다.
"혼자를 온전히 누리게 위해서지요."
"두렵지 않으세요?"
"지키려고 하면 두렵지요."
"보통사람들은 잃을 것을 두려워 한다는 말씀이신가요?"
"그렇지요. 소중한 것이 많으면 두려워져요."
"소중한 것이 없을 수 있나요?"
"소유보다 자유가 더 중요한 사람이 여행을 떠나지요."
여인은 여행자의 말에 놀랐다. '소유보다 자유가 더 중요한 사람이 여행을 떠난다'는 말이 여인의 마음을 때렸다.

271. 인생은 마음을 가지고 노는 거야

노인과 제자가 산사에서 문답을 즐기고 있었다.
"마음에게 인생을 저당 잡히면 인생이 힘들어지지."
"무슨 의미입니까?"
"마음에 끌려 다니면 인생이 힘들어진다는 말일세."
"그러면 어쩌면 되나요?"
"마음을 가지고 놀 줄 알아야 해."
제자는 스승의 말의 의미를 해석하기 어려웠다.
"어떻게요?"
"간단하지."
"간단하다고요?"
"그럼."
스승은 시치미를 뚝 떼고 입을 닫았다. 더 궁금해진 제자가 재촉했다.
"답을 말씀해 주셔야지요."
"'마음의 욕망을 좇아가지 말고 마음이 생겨나고 사라지는 것을 바라보도록 해 보거라."
"내 마음을 내가 바라보라고요?"
제자가 무언가 불만스러운 목소리로 말했다.
"그렇지. 자신의 마음의 흐름을 바라보면서 끌려가지 말고 그것을 즐기면 되네."

272. 진정한 사랑은 늑대 같은 사랑이야

"어떤 사랑이 최고의 사랑인가요?"
"늑대 같은 사랑이야."
"늑대 같은 사랑은 어떤 사랑인가요?"
긍정이는 태백산에서도 깊은 오지마을에 사는 노 시인을 만나고 있었다. 노 시인과 시 공부를 하러 온 젊은 청년과의 대화에 동참하고 있었다.
가난했고, 미래가 보이지 않던 날에 권력자 집안의 딸과 사랑에 빠졌던 노 시인의 얼굴에는 순간 추억으로 빠져들고 있었다.
"늑대의 사랑은…"
노 시인은 아직도 자신의 사랑을 떠올리며 감동에 젖은 모습이었다.
"늑대의 사랑은 뒤돌아보지 않아. 덤벼드는 사랑을 하지."
"우와. 멋져요. 덤벼드는 사랑이라."
젊은이도 노인의 말에 빠져들고 있었다.
"사랑은 뒤돌아보는 순간 타오르던 불이 꺼져버리지. 뒤돌아보는 순간 뜨겁던 사랑에는 종말이 오는 거야."
"아하. 그렇군요. 미쳐야하는 거군요."
"그렇지. 여우는 야성을 잃어버린 늑대를 사랑하지 않아. 여우는 야성에 빠져들거든."
노 시인은 말을 멈추었다 다시 이었다.
"사랑하는 순간 세상은 화재현장이야."
회한이 가득했던 노 시인의 얼굴이 순간 환해졌다.

273. 생명은 저마다 견뎌야 할 고난의 몫이 있는 거야

"동백꽃은 한철 피지만 동백꽃이 피려면 사계절이 필요해."
"아하. 그렇네요."
동백섬에서 노 시인을 만났다. 긍정이가 노 시인의 말에 반가운 목소리로 답했다.
"겨울에 동백을 온실에 넣어두면 동백꽃은 피지를 않아. 생명은 저마다 견뎌야 할 고난의 몫이 있는 거야."
노 시인의 말은 거침없이 달렸다.
"사막에서 자라는 생명이 있고, 얼음 속에서도 견뎌내는 나무가 있지."
"맞아요."
긍정이와 웃음이는 사막과 얼음 속에서 견뎌내는 나무의 예를 들고 고난의 몫에 대한 이해가 한 번에 왔다.
"견뎌야 할 고난의 몫을 견뎌주는 생명이 있어 세상은 유지되는 거야."
"!"
"부모가 자식을 위해 고된 일을 견디는 것과 같아."
"!"
노 시인의 목소리에는 힘이 들어가 있었다.
"결핍을 배워야 생명은 거친 세상에서 살아남을 수 있어. 나무가 춥다고 따뜻한 물을 주면 죽는 것과 같아. 사랑하는 자식일수록 결핍을 가르쳐주어야 하는 이유지."

40
WEEK

*실패가 가르쳐준
성공비결이 있어*

274. 귀하다 귀하다고 하니 다 귀해져

"귀하다 귀하다고 하면 다 귀하고, 하찮다 하찮다 하면 다 하찮아지지."
"아하. 그래요."
"풀 한 포기에도 마음을 주면 작은 풀꽃에게도 마음을 빼앗겨. 크고 작은 것과는 상관없이 모든 생명에는 우주의 원리가 다 들어있지."
"맞아요."
"귀하지 않은 것이 없듯 하찮지 않은 것도 없거든. 결국 귀하고 하찮음은 선택의 문제야."
나물을 뜯고 있는 할머니와 함께 하는 시간이 행복했다.

275. 세상의 주인은 자연이야

산 속에 미술전시관을 운영하고 있는 갤러리 주인을 만났다.
"도시를 떠나서 산에 들어와 사니 10년 동안은 산 속의 주인은 나 혼자로구나 했지."
"주인 맞지 않나요?"
"아니었어. 나는 손님이었고. 산과 숲이 주인이었어. 나는 왔다 갈 사람이고, 산과 숲은 천년을 자리하고 있음을 알았지."
"!"
"있는 돈을 다 털어 미술전시관을 지었지. 허가 내고, 관리하고, 10년을 운영하면서 보니 주인은 내가 아니었어."
"그럼 누가 주인이지요?"
"주인은 찾아오는 손님이었지."
"!"
"쓸고, 닦고, 관리하면 미술관을 찾아와 대우받고 이용하는 손님이 주인임을 알았지. 나는 관리인에 불과했어!"
"그렇기도 하네요."
긍정이가 작은 목소리로 동의했다.
그러자 갤러리 주인이 말했다.
"산 속에 들어와 20년을 살면서 깨달은 건 사람은 자연 속에 지나가는 존재였고, 세상은 누리는 사람 몫이었어."

276. 인생은 영적 존재가 사람의 세계를 경험하는 거야

영적 탐험을 하는 노인을 만났다. 영육靈肉의 경계를 허문 노인이었다.
"사람으로서 영적 세계를 경험하는 것이 신비롭습니다."
"그렇지 않습니다."
노인을 찾아와 한 수 배우려는 사람이 노인에게 말하자 노인이 부드럽지만 단호하게 답했다.
"그러면 사람과 영적 존재는 어떤 관계입니까?"
"이미 영적 존재인 내가 사람의 세계를 경험하는 것이지요."
"무엇이 다르지요?"
"다릅니다. 사람이란 존재가 영적 세계를 경험하는 것이 아니라 이미 영적인 존재가 사람의 세계를 경험하는 것이지요."
"그렇다면 몸과 마음의 관계는 어떻게 됩니까?"
"욕망의 육체를 영적인 존재가 경험하면서 존재의 의미와 영적 성숙을 탐험하는 것이 인생입니다."
"영적인 존재가 이 세상을 찾아왔다는 이야기입니까?"
"그렇습니다. 다시 말하면 영적인 존재가 육체적 욕망을 가진 몸을 가지고 이 세상을 경험하고 수련하는 도장입니다."
긍정이와 웃음이는 이해하기 어려운 이야기였지만 마음을 기울여 들었다.

277. 문학이란 무엇이지요?

"옳은 것을 찾는 것이 철학이라면, 무생물도 꿈 꿀 수 있는 낭만적인 존재임을 깨닫게 하는 것이 문학인 거야."
"멋진데요."
"결국 철학이 진리를 찾는 것이라면 문학은 진리를 춤추게 하지."
"실제로 방법을 보여주세요."
"으음."
긍정이의 요청에 잠시 생각에 잠겼다가 시인은 말했다.
"'마음에 들었다'는 말을, '마음을 훔쳤다'고 할 수 있겠지. 이것을 문학적으로 바꾸어 봐. '낭만도둑이 내 마음을 훔쳤다'고 할 수 있고, 한 단계 더 나가면 '낭만도둑이 내 마음의 가슴언덕을 넘어와 마음을 훔쳐갔다'고 하면 느낌이 다르지."
"전혀 다르네요."
"예를 들면 '정약용은 길을 가다 돌에 걸려 넘어졌다'는 일반적인 문장의 글을 '정약용은 철학에 걸려 넘어졌다'고 하거나 한 단계 더 나아가서 '정약용은 조선 성리학의 문지방에 걸려 넘어졌다'고 하면 느낌이 확 달라."
"하나만 더 해 봐요."
긍정이가 재밌는 표정을 지으며 더욱 적극적으로 요청했다.
"'신발을 신고 걸었다'는 문장도 '바람신발을 신고 걸었다'고 해 봐'."
"정말 다른데요. 퐁퐁 발바닥에서 힘이 솟는 것 같아요."
"그렇지. '역사의 신발을 신었다'고 하면 또 다른 상황을 만나게 되지."
"그렇네요. 문학은 사람을 꿈꾸게 하는군요."
"그렇지. 문학은 마음에 날개를 달게 하지."

278. 망설여질 때 쉽게 결정하는 법이 있어

"결정을 미루고 망설여질 때 어찌하면 되나요?"
결정장애로 마음 고생하는 젊은 여인이 여행자에게 물었다.
"먼저 좋은 일과 나쁜 일을 대충 나누어 보세요."
"예를 들면 어떻게요."
"좋은 일은 여행, 배려와 봉사, 공부하는 것, 희망적인 것 등이지요. 그리고 나쁜 것은 게을러지는 것, 남에게 손해를 끼치는 것, 부정적인 것 등을 정해놓아 보세요."
"그래서요?"
젊은 여인이 여행자에게 보채듯 쉽게 결정하는 법에 대해 답할 것을 요구했다.
"닥친 상황에 대해 생각한 후에 결정은 3초 안에 해요."
"어떻게요?"
다시 젊은 여인이 물었다.
"결정할 내용을 생각하고, 하나 둘 셋을 세지요. 그리고 바로 결정해요."
"결정에 후회는 안 되나요?"
"후회할 필요가 없어요. 좋은 일이면 '하자'고 결정하고, 나쁜 일이면 '포기'하면 그만이지요. 결정한 후에는 다시 돌아보지 않아요."
여행자가 호흡을 가다듬은 후 이야기했다.
"내게는 나 나름의 〈마음 결정 선언서〉가 있거든요.
첫째, 지금 결정한다. 둘째, 여기에서 결정한다. 셋째, 결정한 일은 다시 돌아보지 않는다."

279. 실패가 가르쳐준 성공비결이 있어

"진정 실패로 배우는 것이 있을까요?"
"있습니다. 한 번의 실패는 성공으로 올라가는 계단 하나를 오른 것이지요."
"실패의 긍정적 해석이군요."
"그렇지요. 하지만 실패로 성공에 다가가는 것을 경험이라고 해. 실패로 배워야만 겸손을 배울 수 있어요."
긍정이와 웃음이는 행복했다. 도전에 성공한 사람들을 보는 것만으로도 즐거웠다. 창업에 성공한 사람들의 모임에 참가하고 있었다. 창업 전도사 역할을 하고 있는 창업 운동본부에서 활동하고 있는 사람이 사람들의 질문에 답하고 있었다.

280. 연구소에서는 실패를 실험이라고 해

창업전도사와 만나서 성공에 대한 이야기를 나누고 있었다.
"연구소에서는 실패를 실험이라고 합니다. 실패의 일상화를 실험이라고 하는 것이지요."
"!"
"실패를 통해서 성공에 도달하는 사람에게는 좌절이 없습니다. 실패로 포기하지 않습니다. 실패는 성공에 이르는 경우의 수를 하나 줄인 것이 될 수도 있습니다."
"성공에 집착하면 안 좋다는 말씀입니까?"
"성공을 위한 노력과 열정은 필요하지만 실패 또한 자연스럽게 받아들일 줄 알아야 합니다."
"왜지요?"
"성공에 대한 집착은 종종 실패했을 때 포기하게 합니다."
"아하. 그렇군요."
"인생의 목적은 성공도 아니고, 인생의 목적이 당연하게 실패도 아닙니다. 인생은 성공과 실패를 경험해서 삶의 본질적 의미를 깨닫는데 있습니다."

41
WEEK

살아 있음을
살아라

281. 사람은 따뜻한 존재야

"사람은 전쟁을 하는 존재였어요."
"그렇지."
"여러 번 당했음에도 사람에게서 선의를 기대하신다는 겁니까!"
가난한 지역을 찾아 봉사로 일생을 살고 있는 사람에게 젊은 청년이 대들듯이 말했다. 청년도 동참해서 돕던 사람이었다. 얼마 전에 어렵게 경비를 마련해 집을 지어주었음에도 집을 팔고, 돈을 챙겨 달아나 버렸다.
"사람은 따뜻한 존재야. 사람의 위대함은 여기에 있지. 그럴 수밖에 없는 사연이 있었을 거야."
청년의 화가 난 얼굴을 똑바로 바라보면서 차분하면서도 또렷한 목소리로 말했다.
"그것을 어떻게 믿으시지요?"
"사람의 온도를 봐. 따뜻하지. 따뜻하게 태어난 존재는 결국 따뜻할 수밖에 없어."
"대단하시네요."
청년은 인정할 수 없다는 투로 말했다.
"꽃은 지지만 계절이 오면 그대로의 모습으로 다시 피어나지. 타고난 것이 있어. 사람도 그래. 나는 사람을 믿어."
단호하면서도 믿음이 있는 목소리였다. 다시 말했다.
"사람에게는 본성에 따뜻함이 들어있어. 우리의 체온이 증언하고 있지."
봉사자의 말에는 무게가 실려 있었다.

282. 한자는 사상과 철학 그리고 역사의 보고寶庫야

"'나'라는 존재를 글자로 표현하려면 여러 분이라면 어떻게 표현하시겠습니까?"
한자공부 시간이었다.
"나我는 손 수手변에 창과戈로 이루어져 있네요."
"그렇지요."
한자 선생님이 동의하면서, 이어 말했다.
"한자를 공부할 때 한자를 나누어보면 쉽게 한자공부도 되고, 언어분석력과 한자의 의미를 이해하게 됩니다. 때론 철학적 해법의 기초가 되기도 합니다."
한자 선생님은 한자의 의미를 설명하기 시작했다.
"나를 한자로 아我라고 합니다. 한자로는 어떻게 정의하고 있을까. 고대에 세상을 지혜를 파악하기에 더없이 좋은 것이 한자입니다."
"맞아요."
모두 동의했다.
"나 '아我'자를 분석해 보면 답이 나오지요. 손 수手에 창과戈가 합쳐 만들어져 있습니다. 손에 창을 들고 있는 모습이지요. 다시 말하면 나라는 존재는 자기보호가 최우선 과제라는 것입니다."
"나란 존재는 지키는 것이 우선이네요."
한자공부 시간이 철학과 역사시간 같았다.

283. 살아있음을 살아라

"시인의 하루는 낭만적이겠어요."
"낭만시인이야 낭만적이겠지. 시인은 절벽에 집을 짓고 사는 존재라고 우기고 싶어."
깊은 골에 혼자 집을 짓고 살고 있는 시인을 찾았다. 긍정이와 웃음이가 시인의 낭만에 대해 이야기하자 시인이 대답했다.
"왜지요?"
긍정이가 다시 물었다.
"절박해야 깨어있을 수 있거든. 꽃이 어디에 피지?"
이번에는 시인이 긍정이와 웃음이에게 되물었다.
"나뭇가지에요."
"모든 나뭇가지는 절벽이야."
"오호. 그렇군요."
"절벽에 피우는 꽃의 숙명은 추락이지.
그럼에도 절벽에 꽃을 피우는 절박함으로. 꽃은 다시 아름다울 수 있는 거야."
아직은 어린 긍정이와 웃음이의 수준에서는 시인의 말이 이해가 안 되는 부분이 있었다.
"슬픈 이야기네요."
"그렇지. 그래서 나는 슬퍼할 시간이 있으면 '살아있음을 살 생각에 골몰하라'고 나에게 주장하지. 그러면 살다 죽을 수 있지."
'살아있음에 골몰하면 살다 죽을 수 있다'는 말이 비수 같았다.

284. 생명을 키우는 힘은 끝에 있어

"생명을 키우는 힘은 끝에 있어."
농사를 평생 지은 할머니의 말씀에 긍정이와 웃음이의 귀가 번쩍했다.
"무슨 말씀이세요?"
"생명은 끝에서 시작해. 성장의 중심이 어디야?"
"줄기요."
"뿌리요."
할머니의 질문에 긍정이와 웃음이가 번갈아가며 다른 답을 했다.
"나는 다른 곳인 것 같은데."
"어디요?"
"나무 끝이야. 끝이 자라서 키가 커. 자세히 살펴 봐. 가지 끝이 자라나지. 풀도 뿌리에서 가장 먼 곳이 자라는 거야."
정말 그랬다. 긍정이와 웃음이가 학교에서 배운 것이 있었다. 생장점이라고. 생장점은 가지나 잎의 끝에 있었다.
"꼴찌라고 힘들어할 필요 없어. 따라가지 말고, 자신이 좋아하는 방향으로 달려 봐. 일등이야."
긍정이와 웃음이가 할머니를 쳐다만 보고 말을 못하자 할머니가 다시 말씀하셨다.
"왜 따라갈 생각을 해. 자신의 길을 가면 되지."
할머니의 말씀이 옳았다. 꼴찌에서 따라가니 꼴찌지, 뒤로 돌아서서 자신만의 방향으로 가면 일등이 맞았다.

285. 긍정으로 세상을 바라보면 힘든 세상도 천국이 돼

우연히 시위현장에 다다랐다. 서로 반대되는 구호들이 현수막에 걸려있었다. 목소리가 높고 혼란스러웠다.
"긍정아. 너는 어떻게 생각되니?"
혼란스럽고 시끄러운 시위현장을 두고 웃음이가 긍정이에게 물었다.
"나는 간단해. 세상이 시끄러워도 상관없어. 이어폰을 꽂고 있으면 돼."
긍정이가 이어폰을 꽂으며 말했다.
"정말 그렇다. 나는 너의 이름처럼 긍정으로 바라보면 괜히 웃음이 나와. 하늘만 바라봐도 행복해져."
"그래. 맞아. 나는 너의 웃음만 봐도 천국인 걸."
긍정이와 웃음이가 이름으로 주고받는 칭찬의 말에 세상이 따뜻해지는 느낌이었다.

286. 만나야할 사람은 만나고, 일어날 일은 일어나는 것이 시절 인연이야

"만나야 할 사람은 만나야 한다고 하셨습니다."
"그렇습니다. 오는 사람을 거절하지 말고, 가는 사람을 잡지도 말아야 합니다. 오고가는 인연의 순환을 시절인연이라고 합니다."
"미운 사람일 경우 어찌해야 합니까?"
"악연도 인연입니다. 악연惡緣은 풀고, 선연善緣은 이으라고 오는 것이지요."
"또한 일어날 일은 결국 일어난다고 하셨습니다. 인생을 망치게 하는 일일 경우는 어떻게 합니까?"
"이익을 보면 마음의 짐 하나 얻어 짊어지게 되는 것이고, 손해를 보면 짊어졌던 마음의 짐 하나 내려놓는 것이 됩니다."
"일어날 일을 거부하면 어떻게 됩니까?"
여인의 질문이 당찼다.
"거부한다고 오지 않는 것이 아니지요. 선연으로 만들 것인가, 악연으로 만들 것인가만 선택사항이지요. 하지만 인연에게는 이익 보는 게 아니지요."
합천의 작은 암자에서 즉문즉답 시간에 노 스님과 젊은 여인의 질의응답을 긍정이와 웃음이가 듣고 있었다.

287. 나는 내가 한 일을 알고 있는가

인생에 대한 이야기가 길게 이어졌다. 어떻게 사는 것이 잘 사는 것인가에 대한 토론시간이었다.

토론을 주관했던 노 시인이 마지막 발언을 했다.

"인생의 성공은 첫째 몸의 욕망을 다독거리며 마음으로 이끌고 가는 것이고, 둘째는 몸의 생로병사를 마음으로 바라보며 삶을 이해하는 것이고, 셋째는 사유와 성찰 그리고 경험과 도전을 하며 영적 성숙을 이루는 것이며, 마지막으로 넷째는 자신에게 다가오는 성공과 실패, 슬픔과 기쁨 등을 자연스럽게 받아들여 마음의 평온을 유지하는 것이라고 봅니다."

"한 마디로 정리해 주실 수 있습니까?"

"내가 한 일을 내가 알아야 합니다."

"내가 한 일을 내가 모르는 사람도 있습니까?"

"있습니다. 그리고 많습니다."

"내가 나를 바라볼 줄 알아야 한다는 말씀이십니까?"

"그렇습니다. 아주 중요한 이야기입니다. 나는 내가 한 일을 바라볼 줄 알아야 비로소 살아있는 사람입니다."

42
WEEK

자신에게 질문하라.
해답은 자신이 가장 잘 알고 있다

288. 눈이 내리는 소리를 들어봤니

"저는 세상에 눈 뜨고 싶어요."
"세상을 눈 뜨게 하는 건 호기심이야. 한데 호기심이 많은데."
"예. 그래요. 그래도 세상을 더 많이 알고 싶어요. 어떻게 해야 세상을 알 수 있나요?"
긍정이가 밝은 목소리로 물었다.
전라도 태안반도의 커다란 느티나무 아래서 시골 할머니와 이야기를 나누고 있었다.
"세상 것들은 모두 기적을 가지고 있어."
"정말이요?"
"그럼. 기적을 하나씩 가지고 있지. 눈이 노래하는 걸 들어봤어?"
"눈도 노래를 해요?"
"그럼. 눈이 내리는 날 산 속으로 들어가 귀 기울여 봐. 눈이 내리는 소리가 들려. 신비롭지. 사각사각 하는 소리가 들려. 눈이 노래하는 거야."
"정말 신기하네요."
"그럼. 세상은 신비로워. 비도 춤을 추는 걸 봐야 해."
"비가 춤을 춘다고요?"
"그럼. 비가 내리는 날 벌판으로 나가 봐. 그리곤 하늘을 향해 누우면 비들의 군무를 볼 수 있어. 정말 웅장한 군무를 볼 수 있어. 새떼보다 아름다워."

289. 한 사람을 사랑하면 마음 안에 등이 하나 켜져

경상남도 장흥의 보호수 아래에서 이야기가 이어졌다.
"한 사람을 사랑하면 마음 안에 등이 하나 켜져."
"할머니 말씀 너무 멋있어요."
웃음이가 웃으며 말했다.
"또 한 사람을 사랑해 봐. 또 하나의 등이 밝혀지지."
"사랑하는 사람이 늘어나는 만큼 마음 안에 등이 밝혀지겠네요."
"그렇지. 반대로 누군가를 미워해 봐. 등이 바로 꺼져. 마음 안에 바로 어둠이 찾아오지."
"아하. 그렇군요."
"그렇지. 사랑하는 사람이 많을수록 더 밝게, 더 넓게 환해질 거야."

290. 결정을 하는 순간 걱정이 반으로 줄어들어

"머리 속이 혼란스러워요. 걱정도 되고요."
매사에 불만인 젊은이가 투덜거리듯이 말했다.
"혼란을 잠재우고, 걱정을 줄이는 방법이 있네."
마음 편하게 살고 있는 나이 지긋한 여행자가 자신 있게 대답했다.
"그럼. 알려주세요."
"마음 안에 결정하지 않은 일들이 있어서 그렇네."
"어떻게 알았어요."
"걱정의 대부분은 결정을 미루는 것에서 출발되거든. 할까 말까 하는 것을 결정하는 순간 걱정은 반으로 주네. 결정이 걱정의 반을 해결한 거지."
"죽고 사는 일까지도 가능할까요?"
"당연하지. 지금 자신에게 물어보게. 살 것인가, 죽을 것인가를!"
"그런 것을 어떻게 쉽게 결정해요."
"모든 일은 결정해야 하네. 죽어야 할 이유와 살아야 할 이유를 모두 꺼내놓고 경중을 따져본 후 둘 중 하나를 선택하는 거지. 그러면 살아야 할 이유를 발견하게 되고, 살아야 할 이유를 찾으면 행동하면 되는 거야. 행동할 것인가, 주저앉을 것인가도 다시 결정하면 되고. 바로 행동으로 옮기면 되네. 결정을 미루면 마음 안은 혼란스러워져. 하지만 결정을 하면 마음 안이 간결하고 단순해지지."

291. 자신에게 질문하라. 해답은 자신이 가장 잘 알고 있다

"저는 마음이 깨어있고 싶은데 어찌하면 깨어있을 수 있습니까?"
선禪공부를 하는 제자가 스승에게 물었다.
"질문하면 된다."
"질문이요?"
"그렇지."
"어떤 질문을 말씀하십니까?"
"알고 싶은 것에 대한 질문을 하면 된다."
"어디에 합니까?"
"자신에게."
"저 자신에게요?"
"그렇지."
"그럼 스승은 왜 필요합니까?"
"스승이란 질문할 수 있는 힘을 길러주는 것이다."
"그러면 질문을 하나 해 주세요. 저는 그저 막막한데요."
"무엇이 알고 싶으냐?"
"왜 살아야 하는지를 잘 모르겠습니다."
"그러면 '나는 왜 살아야 하는가, 라고 물어보아라."
"나는 왜 살아야 하는가?"
제자가 자기 자신에게 말했다.
"어떤 느낌인가?"
"내가 나에게 질문하는 순간 생각이 깨어나는 느낌입니다."
"그렇다. 내가 나에게 질문하는 순간 생각에 불이 밝혀진다. 생각의 새벽이 찾아온다. 답도 마찬가지다. 내가 물은 것에 대한 답은 내가 가장 정확한 답을 알고 있다."

292. 하늘은 준비한 만큼만 받아가도록 하는 거야

"세상은 불공평합니다."
"진정 그러한가?"
"예. 그렇습니다. 빈부가 있고, 강자와 약자가 있습니다."
"당연하지 않은가."
"당연하다고요."
청년은 세상이 불공평한 것에 대하여 불만을 토로했다. 노인은 평이한 목소리로 담담하게 답을 해주었다.
"다 그릇이 달라서 그렇네."
"그릇이 다르다고요!"
"저마다 만든 그릇이 달라서 그렇네."
"!"
"그렇네. 비가 내리는 날 그릇을 들고 나가 비를 받아보게. 그릇의 모양에 따라, 그릇의 크기에 따라 받아갈 수 있는
양이 다르네."
"!"
"그릇을 크게 만든 사람은 비를 많이 받아가고. 그릇을 작게 만든 사람은 비를 적게 받아가네. 그리고 접시를 만든 사람은 얼마 못 받고, 항아리를 만든 사람은 많이 받을 수 있겠지."

293. 책을 읽고 깨달음이 없다면 책을 읽는 것은 노동에 불과해

"저는 일주일에 책을 두 권은 읽습니다. 일 년에 백 권이 목표입니다."
"오호. 대단하네."
"일 년에 백 권을 읽어도 책을 한 권 쓰는 것이 어렵습니다. 왤까요?"
"답은 간단하네."
"간단하다고요?"
"책을 읽는 것은 지식의 영역이고, 책을 쓰는 것은 지혜의 영역이라네."
"무슨 말씀이시지요?"
"책은 위대한 선각자들의 지혜를 적어 놓은 과거의 지식이고, 책을 저술하는 것은 지금까지 없었던 지혜를 적는 것이어서지."
"아하!"
젊은 청년의 질문에 작가가 대답하자, 긍정이와 웃음이가 소리쳤다.
"책을 읽는 것은 어떤 사람에게는 지식을 얻는데 필요하고, 어떤 사람에게는 지식을 넘어서 지혜의 단초를 얻지."

294. 꽃은 살아있는 천국이야

긍정이와 웃음이가 사과밭을 지나고 있었다.
"긍정아. 사과나무는 꽃도 예뻤는데 과일까지 열리니 대단해."
"맞아. 살아있는 천국이야."
"그래. 긍정이 네 말이 맞다."
"사과나무는 10년을 살면 10번 꽃을 피우고, 10번 사과를 맺네."
"정말 그렇다."
"웃음아. 너도 살아있는 천국이야. 너는 웃음을 전파하는 웃음전도사잖아."
"긍정아. 너도 그래. 너는 세상을 따뜻하게 만드는 긍정전도사잖아."
긍정이와 웃음이가 서로를 칭찬해놓고 까르르 웃었다. 파란 가을하늘도 까르르 웃었다.
"그래, 그래. 웃고 있으면 살아 움직이는 천국에 사는 거고, 화를 내고 있으면 살아 움직이는 전쟁터에서 살고 있는 거야."
긍정이의 말에 웃음이의 얼굴에 웃음이 가득 했다.

43
WEEK

모든 약속은
자기 자신하고
하는 거야

295. 생각을 뒤집어 봐. 세상이 달라져

긍정이와 웃음이가 산자락에서 강을 향해 납작한 돌로 물수제비를 뜨고 있었다.
"우리 생각뒤집기 해 볼래."
웃음이에게 긍정이가 제의했다.
"생각뒤집기?"
"그래, 생각뒤집기. 지쳐서 쓰러졌을 때 다시 일어나려면 동력이 필요한데, 생각을 뒤집으면 쉬워져. 요즘 유행하는 말 있잖아?"
"그게 뭔데?"
"말을 뒤집으면 뜻이 달라지는 것."
"그래? 빨리 말해 봐!"
웃음이가 긍정이를 재촉했다.
"다 알고 있는 말인데. 자살을 뒤집으면 살자. 인연을 뒤집으면 연인이 되고, '나 힘들다'를 뒤집으면 '다들 힘나'가 되거든."
"우와, 나는 첨 들었네. 늦게 들어도 감동은 같다. 아하, 감동도 뒤집으니 동감이 되네. 감동하는 순간 같은 느낌으로 동감이 되는 원리네."
웃음이의 말에 긍정이가 말을 받았다.
"재미로 하나 더 하면 '꿈꾼다'를 뒤집으면 누구나 '다 꾼 꿈'이지, 하지만 누구나 꿈을 꾸지만 계속 꿈꾸는 사람이 성공하는 거잖아."

296. 정치는 낮은 곳을 다 채우고 난 후 길을 찾는 물 같은 거야

광화문 광장은 참 아름다웠다. 시야에 광화문이 있는 경복궁과 산이 있었고, 공원이 있었다. 그리고 도시가 아름다웠다.
"그래도 변화를 읽어 내야 하는 것은 정치가가 할 일이 아닌가요?"
"맞네. 여론을 만들고 이끌어야 하는 사람들이 있지. 이들이 진정한 정치가라네. 동양에서 정치라는 단어는 정政은 바르다正는 의미와 비틀거린다는 글자의 합성으로 만들어진 글자라네. 비틀거리는 것을 바로 잡으라는 거지. 어떻게 잡느냐. 치治에 답이 있는데 치治는 물이 흐르는 모양이나 물의 성질을 말하네. 곧 물처럼 바로 잡아야 한다는 의미일세."
"물의 의미에 대해 말씀해 주시지요."
"물이 흐를 때는 낮은 곳을 먼저 채우고 흐르지. 국민의 불만을 채워주는 것이 정치지.

297. 피가 붉은 이유는 열정으로 인생을 살라는 거야

"그리워하는 마음만으로 죽을 수 있는 병이 있지요, 상사想思입니다."
"그것이 가능한 일입니까?"
"한국인에게는 가능합니다."
"이해가 가지 않습니다."
참가한 사람들이 모두 비슷한 표정이었다.
"한국인은 독특한 심성을 가지고 있습니다. 예를 들면 한의 감정이 그렇습니다. 한恨은 외압에 눌렸을 때 참고 견디면 생기는 감정입니다. 한이라는 감정으로 해서 생기는 병이 있습니다. 화병火病입니다. 한국인만이 걸리는 병이 화병입니다."
"한민족에게만 있는 감정이 한恨이군요."
"그렇습니다."
한국학 연구소장의 말에 모여 있던 사람들이 모두 웃었다.
"감정을 분출시킬 수 없을 때 치명적인 문제점이 생깁니다. 감정은 주고받아야 합니다. 그래야 아름다운 만남이 이루어집니다. 미운 감정도 주고받으면 해결되면서 화해和解라는 꽃이 핍니다."
"화해의 꽃, 아름답습니다."
"예. 사람의 심장은 에너지 생산공장입니다. 누구나 가지고 있지요. 사람의 피가 붉은 이유를 아세요?"
"!"
"열정으로 살라는 신의 계시지요."

298. 그리움 하나 잘 익으면 꽃이 되지요

"한국에서 꼭 가봐야 할 곳 중 하나로 상사화축제를 소개합니다."
"그렇게 멋진가요?"
"저로서는 꼭 권하고 싶습니다."
"어디에서 하나요?"
"상사화로 유명한 곳은 불갑사, 용천사, 선운사입니다. 그중 으뜸은 불갑사입니다. 무려 300만평입니다."
여행전문가가 긍정이와 웃음이를 유혹했다.
"우와. 300만평이요. 가늠이 안 갑니다."
"서울의 여의도와 비슷한 330만㎡정도 됩니다. 대단합니다. 들과 산 그리고 절 주위가 모두 꽃입니다."
"왜 상사화지요?"
"꽃이 피고 잎이 나와, 꽃과 잎이 만나지 못한다고 해서 상사화라고 합니다. 특별한 것은 꽃대 하나에 단 한 송이 꽃만을 피웁니다."
"정말 신비로운 꽃이네요."
"그리움 하나 잘 익으면 꽃이 되지요."

299. 오늘로 마음 안에 꽃 피우는 날 되세요

긍정이와 웃음이는 불갑사에서 상사화를 구경하면서 산 능선을 따라가다 용천사로 이어지는 길을 걸었다. 불갑사와 용천사 사이에 길이 있었다. 불갑사만큼 용천사도 상사화로 천국을 이루고 있었다.
"그렇습니다. 그리움으로 아리아리하고, 보고픔으로 간질간질한 상사라는 이름에서는 만나지 못한 인연으로 슬픔냄새가 납니다. 못 만나도 외곬사랑입니다."
"정말 슬퍼요."
시인이 추천하는 여행지였다.
"못 만나도 꽃이 되는데 사람과 사람이 만나는 인연에서는 더욱 아름다운 인연의 꽃을 피우셔야지요. 오늘은 마음 안에 꽃 피우는 날 되세요."
'오늘은 마음 안에 꽃 피우는 날 되세요.'라는 말에서 뜨거움이 있었다.

300. 꽃이 아름다운 건 고난의 끝을 아름다움으로 마무리하는 것에 있어

"꽃이 아름다운 건 맑은 날보다 더 많은 궂은 날로 꽃을 피웠다는 거야"
"맞아요. 꽃이 아름답지만 꽃에는 세상의 큰 일이 다 들어있어요."
"그렇지. 꽃이 아름다운 건 고난의 끝을 아름다움으로 마무리하는 것에 있어."
꽃 연구가와 함께 나무그늘 아래서 여름날을 즐기는 긍정이와 웃음이의 대화가 따뜻했다.

301. 모든 약속은 자기 자신하고 하는 거야

"나와의 약속만큼 남과의 약속도 지켜야하지만 중요한 건 모든 약속은 선의善意여야 해."
"무슨 의미지요?"
"약속을 깨게 될 수도 있고, 못 지킬 수도 있겠지만 사람에 대한 사랑이 먼저여야 한다는 거야."
긍정이와 웃음이가 고개를 끄덕였다.
"나와의 약속을 지킬 때 비로소 나는 나의 약속의 주인이 될 수 있지."

44
WEEK

일이
힘들다고 투덜대지마.
일 없으면
더 힘들어

302. 너는 너에게 뭘 해 주었니

"너는 너에게 뭘 해줬니?"
"!"
순간 할 말이 없었다.
일산 백석동에서 개발되기 전부터 살아온 할머니가 긍정이와 웃음이와 이야기를 나누고 있었다.
"나는 나를 힘들게 부려먹기만 했지. 대우해 준 적이 없어. 해 준 게 없는 걸 이 나이 들어서야 알았지."
"무슨 말씀이세요?"
"발에겐 숱하게 여기저기 데려다 달라며 부려먹고, 손에겐 온갖 굳은 일을 시켜먹고. 그것도 모자라 몸을 고단하게 부려먹기만 했지."
"!"
"내가 나에게 미안해서 이제는 꽃도 구경시켜주고, 여행도 시켜주고, 맛있는 것도 특별히 시켜서 주곤 해."

303. 일이 힘들다고 투덜대지마. 일 없으면 더 힘들어!

"힘들다 생각하는 것들의 상당수가 고마운 일이었어."
"그런가요?"
"긴 인생을 살아 돌아보니 힘들다 투덜댔던 것들이 진정으로 고마운 것들이었어."
"!"
"특히 바쁘다고 많이 투덜댔는데 바쁠 때가 인생의 절정이었지."
95세인 노인이 500년을 산 느티나무 아래에서 회상하듯 말했다. 세상 힘들다며 투덜대는 청년과 이야기하고 있었다.
긍정이와 웃음이는 이야기가 가진 핵심을 이해하지 못하고 노인의 말에 귀를 세우고 있었다.
"일이 힘들다는데 일 없으면 더 힘들었어."
"!"
노인의 말에 긍정이와 웃음이는 다시 귀를 세웠다. 다른 여행지에서도 비슷한 말을 들은 적이 있었다. 그만큼 일은 소중한 것이었다.
"사는 게 힘들다는데 살아있는 게 고마운 일이었지요. 긴 세월을 살아보니 가진 것을 고마워할 줄 모르고 덜 가진 것에 대해 투덜댄 것이 미안했어."

304. '내 인생사용설명서'를 작성해 봐

"여행은 재밌니?"
"재밌으면서도 힘들고. 힘들면서도 설레요."
"이번에는 '내 인생사용설명서'를 만들어 봐."
"!"
긍정이와 웃음이는 생각해 본 적이 없었다. 인생사용설명서란 말이 낯설면서도 울림을 주었다.
"가방을 챙기거나 모자를 쓸 때도 이유가 있지?"
"그럼요"
"그러면 인생도 사용하는 이유가 있을 것 아닌가?"
"그렇지요."
"그러면 인생사용 목적이 무엇인가 생각해 보았는가?"
"!"
파주와 일산의 경계를 가르는 심학산 정상의 정자에서 토박이 할아버지를 만나 이야기를 나누고 있었다. 출판단지와 한강이 내려다 보였다.
"그리고 내 인생을 어떻게 사용할 것인지를 계획해 보는 거야."
긍정이와 웃음이가 당황해 하자 토박이 할아버지가 말했다.
"가장 중요한 것이 내 인생인데 인생을 받아들고는 사용설명서도 없이 살아서야 되겠나. 고민해 봐."

305. 가장 큰 도둑이 누군지 아니

긍정이와 웃음이는 몽골의 수도 울란바트로Ulaanbaatar에서 칭기즈칸 동상이 있는 곳을 여행하고 있었다.
초원길을 알려준 젊은 여행가와 함께 이야기를 나누고 있었다.
"세상에서 도둑도 품격이 있는 걸 아니?"
생뚱맞게 젊은 여행가가 이야기를 불쑥 꺼냈다.
긍정이와 웃음이가 젊은 여행가를 쳐다보았다.
"글쎄?"
"작은 것을 훔치면 도둑이 되지만 큰 것을 훔치면 영웅이 되지."
"그런가요?"
웃음이가 햇살을 손으로 가리며 말했다.
"칭기즈칸이 옆 부족의 말을 훔쳤다면 도둑이겠지. 하지만 칭기즈칸은 세상을 훔쳤거든. 인류역사에서 가장 넓은 땅을 훔친 사람인 칭기즈칸을 영웅이라고 하지."
"그렇네요."
"세상에서 뛰어난 도둑이 누군지 아니?"
"칭기즈칸이요?"
젊은 여행기는 머리를 흔들었다.
"마음을 훔치는 도둑이지."
"?!"
긍정이와 웃음이는 의미는 짐작했지만 정확한 뜻을 잡지 못하고 젊은 여행가의 얼굴을 쳐다보았다.
"진정한 도둑은 마음을 훔치거든. 마음을 훔치면 한 사람의 인생을 가질 수 있어. 또한 자신이 가진 전부를, 그것도 스스로 주지. 마음을 도둑 당한 자가 모든 것을 주면서도 오히려 감사해 하는 진정한 도둑이지."

306. 웃음은 행복을 누리고, 눈물은 슬픔을 버리라고 있는 거야

"사람에게 신은 왜 웃음과 눈물을 함께 주었을까요?"
"그야 간단하지. 웃음으로 행복을 누리고, 눈물로 슬픔을 버리라고. 그래서 웃음은 사람에게 환희의 꽃이고, 눈물은 치유의 강이라고 해."
긍정이의 물음에 몽골초원을 걸으며 만난 시인이 대답했다. 초원은 끝없이 이어지고 있었다.
"웃음은 누리고, 눈물은 버리라고요?"
"그렇지. 행복은 누리는 것이고, 슬픔은 버리는 거야."

307. 웃음은 살게 하는 힘이고, 눈물은 깨닫게 하는 힘이야

몽골의 시인은 잠시 먼 길을 바라보고 서 있다, 다시 걸으며 말했다.
"행복은 꽃 피워 맘껏 누리는 거야. 그리고 이웃과 나누는 거야. 꽃처럼 아름다움을 전하고, 향기를 멀리 보내는 것과 같지."
'행복은 꽃 피워 누리는 것'이라는 말에 귀가 열렸다.
"또한 슬픔은 콩나물시루에 물을 주면 다시 밑으로 다 흘러나오지만 콩나물은 자라는 이치와 같은 거야. 슬픔이나 상처의 아픔은 눈물로 버리고 자신은 성장하는 거지. 콩나물처럼."
긍정이와 웃음이는 '다 흘려버린 것 같지만 콩나물이 자라는 이치와 같다'는 말에 마음이 가 닿았다.
시인은 목소리의 변화 없이 말을 이었다.
"웃음과 눈물은 인생을 만드는 자양분이거든. 웃음은 살게 하는 힘이고, 눈물은 깨닫게 하는 힘이지."

308. 여행은 제3의 눈을 갖게 해

카이로는 이슬람전통과 현대가 뒤섞여 독특한 느낌을 선물하는 곳이었다. 인문학을 연구하는 물리학 전공의 노 교수와 이야기를 나누고 있었다.
"그대들은 왜 여행을 하시는가?"
"몰랐던 세상을 만나보려고요."
"저는 다른 생각, 다른 환경을 만나 보려고요."
노 교수의 질문에 긍정이와 웃음이가 차례로 답했다.
이번에는 긍정이가 노 교수에게 물었다.
"교수님에게 여행은 어떤 의미세요?"
노 교수는 잠시 생각하다 말했다.
"여행은 익숙한 것으로부터의 탈출일세. 낯선 곳에서 오래 여행하다 보면 세 번째 눈이 생기게 되네."
"세 번째의 눈은 무얼 의미하지요?"
"낯선 시선이지. 새로운 눈으로 세상을 바라볼 수 있게 되네. 자발적 타인화他人化가 여행이라 생각하네."
"자발적 타인화라는 말이 어려워요. 좀 더 설명해 주시지요."
긍정이가 다시 물었다.
"내가 옳다고 생각한 것들과 이별해서 나와 다른 생각을 가진 사람들과 만나게 하는 것이라네. 나를 버리면 가장 필요한 게 무엇인지 아시는가?"
"글쎄요?"
"내가 존재하지 않는 순간 세상의 모든 것은 어둠이 된다네. '나를 버린 나'가 가장 필요하고 절실해진다네. 내가 나에게 필요해지게

하는 것이 여행의 목적이라고 말하고 싶네."
'내가 나에게 필요해지게 하는 것이 여행의 목적'이란 말은 새로웠다.
"조금만 더 쉽게 설명해주시겠습니까?"
이번에는 웃음이가 자세한 설명을 요청했다.
"돌아다닐수록 세상의 중심은 나라는 걸 깨닫게 하는 것이 여행이라네. 내가 나를 그리워하게 되지."

45
WEEK

여행은
영혼의 발로
걸어야 해

309. 꿈을 꾸면 발바닥이 근질거려 참을 수 없어

"네팔은 왜 왔니?"
긍정이와 웃음이가 네팔의 산악을 걸어 오르고 있었다. 산마을에 사는 노인이 함께 오르며 물었다.
"히말라야를 보려고 왔어요."
웃음이가 밝은 목소리로 답했다.
"히말라야는 왜?"
"지상에서 가장 높은 곳을 오를 수는 없어도 바라보고 싶었거든요."
"꿈이 여기까지 데리고 왔구나."
"어떻게 제 마음을 아셨어요?"
"눈이 맑은 사람은 꿈꾸는 사람이거든. 너는 눈이 맑아. 꿈을 꾸고 있어."
"꿈에는 힘이 있군요."
"그렇지. 꿈은 '오늘의 지금'에는 없는 것을 '미래의 지금'에 있도록 하는 위대한 힘이 있어."
"어디서 그런 힘이 나올까요?"
"꿈을 꾸면 발바닥이 근질거려 참을 수가 없어. 결국 행동하게 되지."
"아하. 그렇군요."
"꿈을 비웃는 사람에게는 아무 일도 일어나지 않지. 그러나 꿈꾸는 사람은 지치지 않고 앞으로 나아갈 수 있는 거야."
노새도 힘들어 쉬어가는 길을 함께 걸어가며 주고받는 대화가 밝았다.
"그러면 꿈은 에너지군요."
"그렇지. 꿈은 에너지야. 꿈은 살게 하는 힘이지. 꿈을 꾸면 고난도 즐기면서 넘을 수 있어. 꿈을 믿으면 행복해지지. 꿈은 인생을 행복으로 안내하는 마음 안에 뜨는 별이야."

310. 여행은 영혼의 발로 걸어야 해

산티아고 순례길은 9세기 스페인 산티아고 데콤포스텔라Santiago de Compostela 대성당에서 성 야고보의 유해가 발견되어 유럽 전역에서 많은 순례객들이 오가기 시작했다. 순례자들의 목적지는 대성당이었다.

긍정이와 웃음이는 산티아고 순례길을 세 번째 걷는 사람과 수염이 긴 노인과 여전히 같이 걷고 있었다.

"여행을 하는 사람과 여행을 하지 않는 사람은 무엇이 다를까요?"

긍정이가 수염이 긴 노인에게 물었다.

"목표가 없는 사람은 방황을 하고, 목표가 있는 사람은 여행을 하지."

수염이 긴 노인이 대답했다.

"여행은 어떻게 해야 할까요?"

이번에는 산티아고를 세 번째 걷는 사람이 수염이 긴 노인에게 물었다.

"여행은 발로 해야 하는 거야. 하지만 영혼의 발로 걸어야 여행자야."

311. 길은 자신이 듣고 싶은 말을 들려주지

긍정이와 웃음이는 산티아고 순례길을 걷고 있었다. 오늘은 세 번째 산티아고 순례길을 걷는다는 중년의 사내와 처음으로 걷는다는 수염이 긴 노인과 함께 걸었다.
"길을 걷는 이유가 뭐지요?"
"답을 듣기 위해서입니다."
긍정이의 질문에 세 번째 걷는다는 중년의 사내가 답하자 수염이 긴 노인이 진중하게 말했다.
"길이 인생의 갈 길을 말해 줄 때가 있습니다. 그 말이 실은, 자기 자신이 만든 대답임을 깨닫게 되지요. 길은 결국 자신이 듣고 싶은 이야기를 해주지요."
길은 자신이 듣고 싶은 이야기를 해준다는 수염이 긴 노인의 말에 세 사람의 시선이 모아졌다.
그러자 노인이 다시 말했다.
"길은 사람에 따라 다른 답을 주거든요. 받을 준비가 되어 있어야 이야기를 들을 수 있습니다. 순례길을 여러 번 걸어도 질문에 대한 답을 준비하지 않은 사람에겐 그냥 고행일 뿐이지요."
긍정이와 웃음이 뿐만이 아니라 중년의 사내도 마음이 움찔했다. 느낌이 강력했다. 세 사람은 다시 수염이 긴 노인의 이야기를 기다렸다.
노인은 다시 말을 이었다.
"길은 마음 안에 있던 길을 꺼내서 걷는 겁니다. 거미가 자신의 몸에서 실을 뽑아내듯이. 물음에 대한 답도 마음 안에서 듣고 싶었던 이야기지요. 다만 길은 들을 준비가 될 때를 기다려 줄 뿐입니다."

312. 비는 죽는 순간 해바라기처럼 웃어

시인이 노래하고 있었다. 핀란드는 아름다웠다. 핀란드의 호수는 맑고 푸르렀다. 긍정이와 웃음이는 호숫가에서 시인이 비를 노래하는 것을 들었다. 빗속에서 사람들은 시인의 노래를 듣고 있었다.
"비는 호수에 떨어지는 순간 소멸한다. 소멸의 순간 동그라미를 만든다. 엄지와 검지로 만드는 오케이사인처럼 '잘 됐어!'라며. 긍정의 동그라미로 호수는 긍정의 천국이다. 빗방울 하나가 하나의 웃음이다. 지상의 생명을 키우는 당당함으로, 비는 죽는 순간 해처럼 웃는다."

'비는 죽는 순간 웃는다'는 말에 긍정이와 웃음이는 정신이 번쩍 났다.

313. 행복은 마음 안에 구름을 걷어내야 만날 수 있는 거야

파르테논 신전으로 올라가는 길 오른쪽으로 보이는 야외극장에서 여행객들이 모여 있었다. 여행객을 사로잡는 노인이 있었다. 노인은 묘한 매력이 있었다. 긍정이와 웃음이도 일원으로 있었다.
"세상에서 가장 행복한 사람은 누구일까요?"
"사랑을 하고 있는 사람이요."
"막 성공을 쟁취한 사람이요."
여러 가지 이야기가 있었다. 모두들 더 이상의 말을 찾아내지 못했다. 노인의 표정은 답이 아니라고 말하고 있었다. 더 이상 대답이 없자 노인이 일어서서 말했다.
"가장 행복하다고 생각하는 사람이 가장 행복하지요."
긍정이와 웃음이는 놀라웠다. 다른 곳에서도 같은 말을 하는 사람을 만났었다. 행복은 행복하다고 생각해야 행복하다는 말은 신비로웠다. 벌써 몇 번째 듣는 말이었다. 그런데도 그 말에 울림이 있었다. 실천이 어려워서 감동을 주는가 생각했다.
"어떻게 하면 행복을 만날 수 있나요?"
"남을 미워하고, 시기하고, 비교하는 마음을 마음에서 지울 때 가능합니다."

314. 인생의 주인은 채찍을 자신에게 하지

파르테논신전에서 해설사보다 노인에게 더 많은 사람들이 몰려 있었다. 긍정이와 웃음이도 노인의 이야기에 귀를 기울이고 있었다.
"인생의 주인이 되느냐, 노예가 되느냐는 자신의 의지에 달려 있습니다. 노예와 주인은 근원적인 것 하나가 다릅니다."
"무엇이지요?"
마음이 급한 젊은 청년이 기다리지 못하고 물었다.
"인생의 주인은 채찍질을 자신의 마음에게 하지만, 인생의 노예는 남에게서 채찍을 몸으로 맞지."

315. 지구여행티켓을 선물 받고 여행 중인 거야

"세상에서 가장 멋진 초대장은 뭘까요?"
"지구여행티켓."
긍정이와 웃음이가 베트남 하노이에서 버스여행권을 살 때 노인에게 물었다. 같이 잠깐 동행했던 여행자였다.
노인의 대답이 너무 엉뚱했다.
"지구여행티켓이요?"
웃음이가 의아한 표정으로 되물었다.
"그렇지. 지구여행티켓이지. 우리는 지구자유여행권을 갖고 태어난 거지. 지구자유여행권을 인생이라고도 하지."
"…"
"너무나 아름다운 초록별을 여행하고 있는 거야."
"그러네요."
노인은 차분한 말투로 이야기했다.
"지구여행권을 가지고 어떤 사람은 어떻게 써야할 지 몰라 쩔쩔매다가 시간을 다 쓰고, 어떤 사람은 길고 지루하다면서 불만으로 다 쓰고, 어떤 사람은 모험과 변화를 파도 타듯 즐기며 보내지."
"노인께서는 어떤 쪽이세요?"
"나는 오늘을 걸어가는 여행자로 족하지."
"여행의 수칙도 있나요?"
"날마다 내게 발권되는 오늘이란 여행권에는 수칙이 있지. 첫 번째는 감사로 받아들여라. 둘째는 가까이 있는 것부터 사랑하라. 셋째는 마음이 시키는 일에 집중하라."

46
WEEK

새는
둥지를 떠나는 순간
날아올라

316. 사람은 쓸쓸함으로 크는 존재야

긍정이와 웃음이는 아프리카 모잠비크의 수도 마푸토에서 떨어진 한적한 마을을 걷고 있었다. 마을촌장과 토속음식을 먹으면서 이야기를 나누었다. 긴 여행에서 돌아온 사람이었다.
"긴 여행에서 느낀 건 무엇이었지요?"
"집에서 멀어질수록 살던 집이 고무줄처럼 끌어당기는 힘이 커진다는 것이었지. 그리움이 커졌지."
"그래도 오랜 기간 여행을 계속 하셨잖아요."
"그렇지. 꼭 만나야 할 사람이 있었거든. 익숙한 것으로부터 멀리 떨어진 곳에서 만날 수 있다고 생각했거든."
"그분이 누구였나요?"
"나 자신이야. 그래서 더 멀리 떠나려고 했지."
나를 만나기 위해 더 멀리 떠나려고 했다는 말에 멍한 느낌이었다.
"그러면 먼 곳이 어디인가요?"
"먼 곳은 거리가 아니라 오히려 시간이었어. 거리의 변방이 아니라 시간의 변방이 더 강렬했지. 시간이 지날수록 멀리 떨어져 있다는 느낌이 커졌지."
"그러면 시간이 나를 만나게 해 준 건가요?"
"그건 아니야. 쓸쓸함이었지. 고독!"
"쓸쓸함, 고독이 나를 만나게 해주었다고요?"
긍정이가 다시 물었다.
"그렇지. 쓸쓸함은 때론 재산이지. 잊고 살았던 나를 찾게 하는 힘이야. 그래서 혼자 떠나는 여행이 필요한 거야."

317. 목표는 열정이 식지 않게 하는 힘이야

긍정이와 웃음이는 프랑스의 몽블랑 설산을 구경하기 위해 산을 오르기 시작했다. 일주일을 걸어가야 하는 길이었다. 몽블랑산 정상을 오르는 산악팀장을 만났다.
긍정이와 웃음이는 산악팀장에게 물었다.
"산을 올라갈 때와 내려올 때 중 어느 것이 힘들어요?"
"내려올 때입니다."
"왜지요?"
"산을 올라갈 때는 목표가 있고, 내려 올 때는 목표가 사라졌기 때문이지요. 올라갈 때는 열정이 있어서 힘들어도 참아낼 수 있어요. 하지만 내려올 때는 열정은 사라지고 안전만 생각하지요. 오히려 지치지요."
"지치지 않게 하는 힘이 목표고 열정이군요?"
"그렇습니다. 목표는 열정을 식지 않게 하는 힘이 있습니다. 그래서 목표를 성취하고 나면 다음 목표를 잡지요."

318. 모험가는 목적을 위해 고난을 선택하는 거야

멕시코 미초아칸Michoacan 숲에는 겨울을 나기 위해 수백 만 마리의 나비가 모인다. 긍정이와 웃음이는 나비를 보러 달려갔다. 수백만 마리의 제왕나비들이 한데 모여 장관을 이루었다.
"많은 나비가 앉아 나뭇가지가 휘어지거나 부러지기도 하지요."
나비들이 포개 앉아서 가지가 늘어져 있었다. 신기했다.
"나비들이 왜 이렇게 붙어서 앉지요?"
"기온이 뚝 떨어지는 밤을 견디기 위해서입니다."
나비에 반해 매년 찾아온다는 나비전문가가 설명해 주었다.
"나비는 신비해요."
긍정이가 말하자 나비 전문가가 말했다.
"나비는 땅 속 애벌레에서 천상의 날개를 다는 기적 같은 존재지요. 기어 다니던 자신을 날게 하는 경이로운 존재거든요."
"맞아요. 한데 나비는 왜 불규칙하게 날지요?"
"아름다운 나비가 불규칙하게 나는 이유는 살아남기 위한 생존전략이지요. 불규칙하게 날아야 새로부터 잡혀 먹히지 않습니다. 생존을 위해 불편을 택한 거지요. 목적을 위해 고난을 선택하는 인간과 비슷하지요."
긍정이와 웃음이의 눈이 반짝거렸다.

319. 새는 둥지를 떠나는 순간 날아올라

조촐한 결혼식이 진행되고 있었다. 페루의 작은 마을에서 긍정이와 웃음이도 초대 받아 하객으로 앉아 있었다.
결혼 주례를 맡은 사람이 신랑 신부의 부모에게 말했다.
"결혼을 해서 떠난다고 생각하지 마세요. 떠나는 것이 아니라 독립하는 날입니다. 날개가 커서 날개를 펼 수 있는 새로운 둥지를 찾아가는 겁니다."
잠시 말을 끊었다 이었다.
"새는 둥지를 떠나는 순간 날아오릅니다."
마침 하늘 높이 콘돌이 당당하면서도 여유있게 돌고 있었다.

320. 초록색 욕망을 불질러 봐

"망설여질 때 어찌하면 좋을까요?"
"저질러야지요."
여행자들의 숙소에서 음식을 나누어 먹고 있었다. 스리랑카의 민박집이었다. 한 여행자가 너무나 당연하단 듯이 답했다.
웃음이가 웃으며 말했다.
"과감하게 실행하는 것이 쉽지 않은 일인데 너무 당연하단 듯이 말씀하시네요."
"그럼요. 저는 당연하게 받아들입니다."
"그럴만한 이유가 있나요?"
"있지요."
이야기가 산만했다가 당당한 여행자에게로 집중 되었다.
"해보고 하는 후회는 반성할 수 있지만 해보지 않은 후회는 그대로 후회로 남지요."
"아하!"
모두 그렇구나 하는 표정이었다.
당당한 여행자의 말이 계속 이어졌다.
"하고나서 하는 후회는 이미 엄청난 경험을 했지요. 또한 반성할 수 있으니 성장이고 미래를 향하지만, 해보지 않고 하는 후회는 여전히 과거로 남습니다."
"!"
"무엇보다도 하고나서 하는 후회인 반성은 삶의 동력이 되지만 뒤돌아보는 후회는 자책만 남지요."

321. 내 일이 아닌 일로 걱정 하지마

"할 수 없는 일이라면 걱정할 일이 아니지. 할 수 있는 일이라면 또한 걱정할 일이 아니고."
"그렇다면 세상에 걱정할 일이 없네요?"
옳은 말이었다. 할 수 없는 일이면 하지 않으면 되고, 할 수 있는 일이면 하면 되니 걱정할 일이 아니었다. 하지만 그게 쉬운 일이 아님을 즉각 눈치 챘다.
"더 설명이 필요한가. 할 수 없는 일이면 하지 않으면 되고, 할 수 있는 일이라면 하면 되고. 결정하는 순간 걱정은 사라지네. 걱정은 결정하라고 있는 것일세."
긍정이와 웃음이는 걱정 많은 사람과 노인의 이야기를 듣고 있었다. 하루 묵어가는 방글라데시 수도 다카에서 벗어난 어촌에서였다.
"결정해 놓고도 결과가 어떻게 될까 걱정이 되면 어떻게 하지요?"
"결과는 하늘의 일일세. 내가 할 수 없는 일을 걱정하는 건 내 일이 아닌 걸 참견하는 것과 같아."

322. 하지 말아야 할 사랑은 없어

인도의 성전에는 사랑의 성행위 장면을 조각한 것들을 흔히 구경할 수 있었다. 피리를 부는 사람이 사람들과 이야기를 나누고 있었다. 긍정이와 웃음이도 함께 자리해 있었다. 사람들이 묻고 피리 부는 사람은 답을 했다. 외모로는 100살도 넘어 보였다.
"세상에서 가장 아름다운 사랑은 어떤 사랑일까요?"
"이루어질 수 없는 사랑이지."
얼마 전 시인이 말했던 가장 아름다운 사랑은 못 다한 사랑이라는 말과 표현만 달랐지 비슷한 의미였다.
"하지 말아야 할 사랑에 대해서는 어떻게 생각하세요?"
"그런 사랑은 없어. 다만 아픈 사랑이 있을 뿐이지."
"불륜이 있잖아요?"
"사랑은 순수한 거야. 사랑에는 윤리가 들어설 자리가 없는 거야. 윤리 이전에 사랑이 있었지. 일부일처제는 인류가 선택한 최근의 결혼제도야. 문제가 많아 다시 과거로 돌아가고 있지."

47
WEEK

사랑의 완성은
만남이 아니라
헤어짐에 있어

323. 사람을 사람으로 완성시켜주는 것이 있어

인도의 바람의 궁전은 이름만큼 아름다웠다. 바람의 궁전은 사랑의 색인 붉은 빛이었다.
함께 여행하다 만난 인도의 철학자로부터 멋진 말을 들었다.
"사람을 사람으로 완성시켜 주는 것이 있어."
"뭐지요?"
'사람을 사람으로 완성시켜 주는 것'이라는 말에 긍정이와 웃음이는 귀가 반짝했다.
웃음이의 목소리가 빨라진 질문에 대한 답은,
"사랑이지요."
알고 보니 당연한 정답 같아서 조금은 아쉬웠다.
"다른 것은 없나요?"
"다른 것들은 부분의 완성일 뿐이지요."
"그러면 사람을 사람으로 완성시켜 주는 것이 사랑인 이유를 설명해 줄 수 있나요?"
질문에 대하여 철학자는 답했다.
"사람은 완성되지 않은 존재야, 사랑은 서로 다른 완성되지 않은 존재를 만나게 해 하나의 완성체가 되게 하는 하늘의 마음이기 때문이지."

324. 희망과 절망 모두 찾아오지만 그대로 받아들이고 누려야 해

인도는 신비한 나라였다. 긍정이와 웃음이는 인도에서 많은 사람들을 만났지만 이번에는 더욱 특별했다. 신비주의자였는데 삶을 아름답게 그려주는 마술사 같은 사람이었다.

신비주의자가 말했다.

"왜 사는가, 살려고 태어났기 때문입니다. 삶은 살아있는 것을 산 채로 누리라고 태어났습니다."

모두들 조용히 듣고 있었다.

"아름다운 별 지구, 초록색 별은 신비하고 기적적인 생명의 땅입니다. 물과 햇빛과 공기가 조화롭게 만나 생명을 빚은 땅입니다. 나무가 만든 숲과 물이 만든 강과 바다가 눈부시게 아름다운 곳입니다. 이곳은 성공이나 의무가 빛나는 곳이 아니라 삶 그 자체를 누리라고 태어난 곳입니다."

조용하면서도 느린 말이었지만 유장하게 흐르는 강물 같은 느낌을 받았다.

신비주의자의 말은 계속 되었다.

"삶은 욕망보다 사랑이 빛나는 현장입니다. 성공하기 위해 태어난 것이 아니라 생명을 누리라고 태어난 것입니다. 기적 같은 생명을, 신비로운 자연현상을 누려야 합니다. 그래서 성공과 실패, 웃음과 눈물, 희망과 절망 모두 찾아오지만 그대로 받아들이고 누려야 합니다. 그리고 즐겨야 합니다. 삶은 자체로 빛나는 별 같은 존재입니다."

325. 누려라, 누려야 인생이야

인도의 신비주의자의 이야기는 계속 되었다.
사람들은 움직임 없이 들었다. 사람을 빨아들이는 능력을 가지고 있었다.
"저는 저 자신에게 주문처럼 외웁니다. '즐겨라, 즐겨야 인생이다. 누려라, 누려야 인생이다'라고요. 삶은 끝끝내 힘들겠지만 오는 운명을 받아들이고 맘껏 운명을 호흡하십시요. 오는 새날을 자연스럽게 느끼십시오. 힘이 들면 힘이 든 대로, 즐거우면 즐거운 대로."
다시 한 번 숨을 멈추었다 먼 곳을 바라보며 혼자 말하듯 이야기했다.
"혼자 느끼고 받아들이기에는 벅차서 사랑이 있습니다. 그래서 지구라는 별에서는 사랑을 실천해야 합니다."

326. 인생은 한 번에 만들 수 있는 게 아니야

시베리아는 척박했다. 동토의 왕국다웠다. 사람이 살고 있는 마을 중 가장 추운 곳이었다. 오미야콘 마을은 모스크바에서 동쪽으로 7,000km 떨어진 곳에 있었다. 1월 평균 기온이 영하 50도 수준이고, 1926년에는 영하 71.4를 기록하기도 했다.
"힘들지 않으세요."
"당연히 힘들지. 그래도 인생을 하루치씩만 받아 견딜만해."
"정확한 의미를 모르겠어요."
긍정이가 물었다.
"모든 사람은 인생을 선물 받는 데 아주 독특하고 희귀한 방법으로 선물을 받아."
"어떤 방법이지요?"
"인생을 오늘이라는 날로만 선물 받지. 아주 단순하게 그러나 어김없이."
"정말 신기해요."
끝없이 이어지는 백색의 동토는 아름다웠다. 스키를 타고 이동하는 종족이었다. 순록과 물고기를 잡아서 살았다. 족장과 이야기를 나누고 있었다.
"감당할 수 있는 만큼씩 살도록 한 신의 배려였지."
"맞아요. 인생을 한 번에 살 수 있는 길을 열어 놨다면 사람들은 조급함으로 그 방법에 매달렸을 거예요."
"맞아. 아주 완벽하게, 같은 오늘로 인생의 하루치만을 살게 했어. 더욱 인생이 빛나는 것은 지금, 여기라는 현장에서만 살 수 있도록 했지."

327. 부드러움이 강한 거야

세계 최고의 발레리나를 만났다. 러시아에서였다. 러시아는 발레의 나라였다.
발레리나의 말에 인생이 들어있었다.
"처음 배울 때는 힘이 들어가지요. 선생님께서 힘을 빼라는 의미를 몰랐어요."
"힘이 저절로 빠지나요?"
"그렇지 않아요. 힘이 들어가는 건 초보자지만 힘을 빼는 건 수많은 반복 밖에 없어요."
"…"
"자연스러운 것이 고수인데 고수는 타고난 능력에, 끝없는 반복이 만들지요."
"세계 최고의 발레리나시잖아요."
"아직도 종종 힘이 들어가는 걸요. 더 부드러워져야 돼요. 힘이 들어갈 때와 뺄 때가 자연스러워져야 고수거든요."
"발레에서 배운 게 인생에도 적용이 되나요?"
"사는 건 또 달라요. 사는 것도 어깨에 힘이 들어간 사람을 만나곤 하는데 하수 같아요. 고수는 부드럽지요. '자연스러우면 신의 경지'라고 스승께서 말씀하셨어요. 제게 인생은 더 어려워요."
이를 하얗게 드러내고 웃는 발레리나의 모습이 밝았다.

328. 영혼도 직립해야 하는 거야

인도를 방문해 본 사람들은 혼란과 자유를 함께 만나게 된다. 긍정이와 웃음이도 그랬다. 혼란과 자유가 둘이 아니라 하나임을 느끼게 해주는 곳이 또한 인도였다.
긍정이와 웃음이는 인도의 매력에 빠졌다.
"인간의 몸은 오래 전에 직립했지만 이제는 영혼이 직립해야 해."
좌선을 하고 있는 사람이 말했다.
"영혼의 직립은 어떤 건가요?"
긍정이가 물었다.
"신으로부터의 독립이 먼저 필요해. 신은 신의 길을, 인간은 인간의 길을 가야 해."

329. 사랑의 완성은 만남이 아니라 헤어짐에 있어

사랑이란 주제는 결론이 없었다. 어떤 사랑에 대한 정의도 사랑을 풍족하게는 하지만 만족하게는 하지 못했다. 오늘도 긍정이와 웃음이는 베트남 하노이에서 사랑에 대한 논의를 하는 공간에 있었다. 정답은 없지만 이야기 할수록 사랑을 이해할 수 있었다.
"바람직한 부부는 어떤 것일까요?"
부부학을 연구하고 있는 연구소장이 젊은 여인의 물음에 답변을 했다.
"바람직한 만남은 내가 사랑하는 사람이 나를 사랑하는 것입니다. 아름다운 인연입니다. 다음은 사람은 저마다 다른 세상을 가지고 살아가는데 그것을 인정하고 키워주는 것입니다."
'사람은 저마다 다른 세상을 가지고 살아가는데 그것을 인정하고 키워주는 것'이라는 말이 향기로웠다.
"사랑에도 끝이 있나요?"
"모든 사랑에는 이별이 있습니다. 사랑은 이별이 아름다워야 아름다운 사랑으로 완성됩니다."
"어떻게 이별해야 하지요?"
여인이 조급하게 물었다.
"이별 후에 남은 사랑이 그리움이 되게 하는 사랑이지요."

48
WEEK

당신은 오늘 누구를 만나고 왔나요?

330. 세상에서 가장 힘이 센 사람은 엄마여야 해

긍정이와 웃음이는 들판을 폴짝거리며 뛰다가 집 앞에서 놀고 있는 아이를 만났다. 아이도 따라서 폴짝거리며 뛰었다. 스위스의 들판과 하늘은 천국 같았다.
"하늘을 날고 싶다."
웃음이가 말하자 긍정이와 꼬마도
"나도!"
라고 말했다.
"힘이 셌으면 좋겠다."
라고 웃음이가 다시 말하자 긍정이와 웃음이도
"나도!"
라고 따라 말했다.
그리고는 모두 까르르 웃었다.
"너는 누가 가장 힘이 세면 좋겠니?"
"우리 엄마, 다음으로는 천사."
웃음이가 묻자 꼬마가 대답했다. 웃음이가 다시 물었다.
"왜?"
"우리 엄마와 천사가 적을 이기려면 힘이 세야 되잖아."
"그렇지. 그런데 왜 엄마가 천사보다 힘이 세야 돼?"
"우리 엄마가 천사보다 내편이거든."

331. 나를 사랑하는 법을 알게 되는 것은 위대한 일이야

긍정이와 웃음이는 맑고 수수한 노인과 거리에서 차 한 잔을 하며 이야기를 나누었다. 스페인의 시골마을은 한가했다.
"살아가면서 필요한 것 중에 먼저 배워야 할 것은 무엇이지요?"
인생에서 배워야 할 것들에 대하여 이야기가 한창이었다.
"나는 살아가는 법을 배우고, 만나는 사람에게 배려하고, 예의와 범절을 배웠지. 그렇지만 늘 허전했어."
"왜지요?"
웃음이가 눈을 동그랗게 뜨고 물었다.
"진정 필요한 나를 사랑하는 법을 배우지 못했지. 남에게 베풀고, 남을 사랑하고, 남에게 품위있게 행동하는 것은 배웠지만 나를 사랑하는 법은 어디에서도 가르쳐 주지 않았어. 가장 중요하고 먼저 해야 할 일이었는데."
"그래서 어떻게 하셨어요?"
"외로워하다가 어느 날 느꼈지. 남이 나를 사랑해주는 것도 고맙지만 내가 나를 사랑해 줘야 내가 사랑으로 완성되는 것을 알게 되었지."
"어떻게 사랑해야 하나요?"
"중요한 건 단순해, 쉽고."
"?"
긍정이와 웃음이의 표정에 살짝 긴장이 보였다.
"보태지도 빼지도 않은, 나의 있는 그대로를 사랑하는 거야."

332. 고난은 겪고 나면 고마운 것임을 알게 돼

"지나고 나서야 아는 게 몇 가지 있는데 그중 하나가 고난의 고마움이야."
"정말 그런가요?"
"그럼. 많은 사람들이 안정과 평화만을 기도하지만 고난 없는 인생이 좋은 인생일까 의심이 가곤 해. 고난 없는 인생보다 고난 있는 인생이 더 나은 인생이야. 지나고 나면 알게 되지."
쿠바 수도 하바나에서 노인의 말에 불현 고난에 대한 특별한 느낌을 깨우쳤다. 미국의 봉쇄로 경제가 멈춘 나라가 쿠바였다. 20년 된 자동차는 오히려 새 차였다. 물자가 없어 과거의 모습을 그대로 가진 나라였다. 사람들은 여전히 정열적이었고, 과거를 유물처럼 가지고 있어 오히려 신비한 나라가 쿠바였고, 관광상품이 되었다.
쿠바에서 태어나고 자란 노인의 말은 느리고 어눌했다. 고난이 인생의 큰 재산이 된다는 노인의 말에 힘이 들어 있었다.
"내 아이가 불구여서 더욱 힘들었는데 그 아이가 천사였지. 나를 깨닫게 하고, 세상을 이해하게 했어. 고난은 인생의 큰 스승이야."
긍정이와 웃음이가 묵고 있는 집에서 차를 마시며 집주인인 노인과 이야기를 나눌 수 있는 기회를 가졌다. 여행은, 사람을 만나는 여행이 최고의 여행임을 다시 한 번 느끼게 하는 시간이었다.

333. 인생의 무게는 같아

"세계를 정복한 사람이나 정착해서 농사만 지으며 산 사람의 인생 무게는 같은 거야."
"어째서지요?"
"칭기즈칸이 세계를 정복했지만 자식을 기르고 살 비비며 가족애를 느낄 시간이 없었지. 반면 가난하면서도 한 곳에서 농사를 지으며 산 농부는 삶의 따뜻함과 고단함을 다 경험했지."
"사람마다 가진 것들을 더하고 빼면 총량은 같다는 말씀이시지요?"
"그렇지. 하나를 가지면 하나를 잃게 되지. 손으로 집을 수 있는 건 두 개뿐이야. 하나를 더 잡으려면 하나를 놓아야 하거든."
"그렇네요."
긍정이와 웃음이는 몽골초원에서 말 타는 법을 가르쳐 주던 노인과 초원에 앉아 이야기를 나누고 있었다.
"쌓아놓으면 내 것 같아도 내가 손으로 잡을 수 있는 것만 내 것이고, 내가 먹을 수 있는 음식만 내 것이지. 눈을 뜨고 볼 수 있는 만큼이 세상구경인 거야. 두 곳을 동시에 볼 수 없거든."
"맞아요."
"욕심을 내 봐야 인생의 무게는 누구나 같아. 되어지는 만큼이 내 인생 몫이야."

334. 사랑의 거리는 마음의 거리야

"살아보니 알게 된 것들도 있지. 하지만 많은 부분 사유와 성찰로 얻어지는 거야."
소설을 쓰는 러시아의 작가와 만나 함께 삶의 경험에 대하여 이야기하고 있었다.
"사랑하는 사람의 거리는 떨어져 있어도 가까이 있는 거지요?"
웃음이가 할머니를 떠올리며 작가에게 물었다.
"그럼. 사랑의 거리는 마음의 거리야. 사랑한다면 서울과 여기 러시아가 지척일 수 있어. 멀면 멀수록 그리움으로 끌어당기지. 반면 옆에 있어도 서울과 러시아의 거리처럼 느껴지는 사람도 있지."
"정말 그렇지요?"
동의를 구하듯 웃음이가 자신의 할머니를 떠올리며 말했다. 러시아의 산골마을은 가을이 벌써 끝나고 있었다. 사랑하는 할머니가 웃음이의 눈앞에 아른거리는 듯 할머니에 대한 그리움이 담겨 있었다.

335. 당신은 오늘 누구를 만나고 왔나요?

"인연이 사람을 만들고, 인연이 사람을 망가뜨리지."
"저도 동의해요."
웃음이가 몸을 앞으로 다가앉으며 답했다.
"꽃을 만나고 온 바람은 향기를 담고 와. 시궁창을 지나온 바람은 악취를 담고 오고."
"맞아요. 사람도 그렇겠지요?"
이번에는 긍정이가 동의하며 되물었다.
"당연하지. 선한 사람을 만나고 온 사람은 말에서도 부드러움이 묻어나지. 시비를 거는 사람을 만나고 온 사람은 얼굴만 봐도 화가 나 있어."
"정말 그래요."
긍정이와 웃음이가 적극 공감하는 목소리로 대답했다.
"만나는 사람과의 인연으로 인생이 만들어져. 누구를 만나느냐에 따라 향기 나는 인생을 만들 수도 있고, 악취 나는 인생을 만들 수도 있어."
"맞아요, 맞아요."
웃음이의 목소리가 밝고 커졌다.
"여기 두 사람은 누구를 만나고 오셨나?"
남아프리카공화국의 희망봉에서 밝고 맑은 목소리로 웃으며 노인이 물었다. 하늘은 높고 바다는 멀어져 간 풍광 속에 세 사람은 아름다웠다.

336. 잘 사는 법이 있나요?

"잘 사는 방법이 있나요?"
"있지."
젊은 청년이 노인에게 물었다. 알프스의 설산에 마련된 여행자 숙소에서 예정에 없던 자리가 만들어졌다. 차를 마시며 자연스럽게 모인 자리였다.
여행자들의 눈이 노인에게로 집중되었다.
"뭐지요?"
젊은 청년이 다급하게 물었다.
노인은 입을 열지 않고 차를 마셨다. 사람들의 집중되었던 시선을 거둘 즈음 노인이 말했다.
"답을 찾지 않을 때가 오네. 그것이 잘 사는 방법일세."
"너무 답이 막막합니다."
젊은 청년이 수긍하면서도 만족스럽지는 않다는 듯 말했다. 사람들의 시선이 다시 노인에게로 모였다.
"삶을 있는 그대로 받아들이며 사는 것이 잘 사는 방법일세. 받아들일 줄 알아야 인생이 보이네. 그때가 잘 사는 것일세."
"받아들인다는 것이 어떤 건가요?"
"노력하되 결과는 생각하지 말고, 삶이 주어지는 대로 살라는 걸세. 서두르지 말게. 인생에 대한 답은 바람 같아서 하나로 설명이 안 되네."
"그래도 정답이 있지 않을까요?"
"인생에 대한 답은 정답에 가까워질 수는 있지. 하지만 하나의 정답이 있지 않아."
"정답이 없다고요?"

"그렇지. 그럼에도 분명한 건 내 삶을 내가 받아들이는 것은 꼭 필요하지. 그리고 내가 가진 답은 나의 인생에 대한 답이야. 잘 사는 방법에 대한 답은 언제나 내 안에 있다네. 성전에 기록된 답은 성전의 답일세. 서두르면 작은 답에도 이를 수 없네."

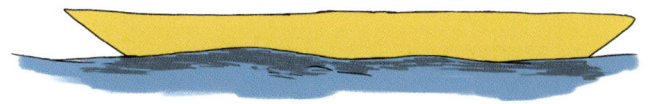

49

WEEK

*너 자신보다
더 사랑하는 사람을
만나는기적이
사랑이야*

337. 인생은 나다워지는 일인 거야

"모든 선택은 나다워지는 길로 안내하지."
인도는 어디를 가나 도발적이고 놀라움을 선물했다. 긍정이와 웃음이에게는 더욱 그랬다. 사원에서 긍정이에 웃음이는 사람들이 옹기종기 모여 있는 곳에 함께 있었다. 수염을 길게 기르고 수척한 노인의 이야기를 듣고 있었다.
노인의 이야기는 계속 되었다.
"인생은 자기 자신다워지는 과정인 거야."
의외의 말이었다. 그러나 강렬한 느낌을 주었다. 누구도 토를 달지 않았다.
"지금의 나는 지금까지의 내 선택으로 만들어졌고, 미래의 나는 지금 내가 하는 행동하는 것으로 만들어지겠지."
노인은 잠시 침묵했다.
"민들레 씨를 어디에 뿌려도 민들레꽃으로 피어나지. 사람도 마찬가지야. 어디, 어떤 상황에 있어도 본성이 변하지 않아. 인생은 자기 자신을 완성시키는 일관된 작업이야."
"보다 찬란하게 꽃을 피울 수는 없나요?"
"나는 나를 조각하는 조각가야. 조각칼은 지금의 내 생각과 행동으로 나를 조각하고 있어."
노인은 잠시 침묵했다가 쐐기를 박듯이 앞에 한 말로 결론을 지었다.
"인생은 내가 나다워지는 과정이야."

338. 세상은 꿈꾸는 자의 것이야

몽골초원에서 노인과 대화를 했다. 게르ger에 묵으면서 긍정이와 웃음이는 하늘 가득한 별들의 축제를 즐기고 있었다. 장작불에 모여 앉아 있었다.
"칭기즈칸은 꿈꾸는 인간이었지. 그래서 몽골부족은 꿈을 꾸기 시작했어."
수염을 길게 기른 노인의 '칭기즈칸은 꿈꾸는 인간이었다.'는 말에 마음이 움직였다.
"칭기즈칸은 해가 뜨는 곳부터 해가 지는 곳까지 정복할 것이라는 꿈을 퍼뜨렸지."
"대단하네요. 태양이 뜨는 곳부터 태양이 지는 곳까지라니!"
"그래서 몽골부족들은 같이 꿈꾸기 시작했지. 꿈을 이루려는 열망이 모였고, 몽골족 모두가 꿈꾸기 시작했지. 결국 세상은 몽골족에게 정복당했지. 꿈꾸는 않는 자는 꿈을 꾸는 자에게 정복당하게 되어있어."

339. 코끼리만한 생각보다 개미의 작은 실천이 세상을 바꾸는 거야

어느 나라, 어느 공간이든 시인과의 대화는 전혀 다른 세상을 안내하곤 했다. 이번에도 기대하고 있었다. 키르키즈스탄Kyrgyzstan의 시골마을이었다.

시인의 한 마디에 귀가 따라갔다.

"인생도 한 번은 불질러야 되는 거야."

'인생을 불질러야 되는 거'라는 놀라운 발상에 귀가 번쩍했다.

시인의 말은 이어졌다.

"가장 가련한 사람이 누군 줄 알아. 평생을 망설이다 죽는 사람이야."

"!"

"도전하지 않는 사람에겐 아무 일도 일어나지 않지. 살았으나 죽어서 사는 사람이지. 코끼리만한 생각보다 개미의 작은 실천이 세상을 바꾸는 거야"

'코끼리만한 생각보다 개미의 작은 실천이 세상을 바꾸는 거야'라는 말은 큰 울림을 주었다.

340. 나 자신보다 더 사랑하는 사람을 만나는 기적이 사랑이야

"사랑에 빠지는 이유가 뭘까요?"
"기적을 보게 되는 순간 사랑에 빠질 수밖에 없어."
"기적을 본다고요?"
"그렇지. 나 자신보다 더 사랑하는 사람을 만나는 기적이 와. 그때 사랑에 빠지게 되지."
"나보다 더 사랑하는 사람이 찾아온다고요?"
"그렇지. 내 모든 감정이 한 사람에 의해 좌우되는 것을 깨닫는 순간 이미 사랑에 빠졌지."
"언뜻 이해가 안가요."
"그럴 거야. 경험해 봐야 아는 세계지. 행복과 슬픔, 사랑과 미움 같은 감정들이 한 사람에게 몰입되는 폭력성을 만나게 되지. 일방적이고 전폭적이지. 거부할 수 없을 때 사랑이 온 거야."
"어떻게 그럴 수 있을까요?"
"내가 웃고 울어서, 천국이 되고 지옥이 오는 게 아니라 상대방의 감정과 표정에 의해 천국과 지옥이 왔다 갔다 하지."
시인은 말해 놓고는 큰 소리로 웃었다. 타지키스탄의 너른 초원에서 시인의 웃음소리가 하늘 속으로 퍼져갔다.

341. 예술은 지상에 사는 인간을 천상에 사는 존재로 격상시켜주지

벨기에서 문화평론가와 이야기를 나누고 있었다.
긍정이가 먼저 물었다.
"문화예술 중에 어떤 분야를 최고로 치세요?"
"음악이지. 신이 소리를 주었다면 사람은 음악을 만들었지."
"정말 그렇네요."
"하늘이 내려 준 자연음보다 더 아름다운 소리를 만들어내기도 하지, 그것이 음악이야. 음악은 사람의 작품이지."
'음악은 사람의 작품'이란 말에 짜릿한 감성이 일었다. 그리고 음악은 자연음보다 아름답게 느껴질 때도 있었다.
"우와. 멋집니다. 자연음보다 아름다운 것이 음악이라는 표현이."
"세상의 소리를 재조합하고 재구성해서 물 흐르듯 연결해낸 것이 음악이거든."
"문화예술을 한 마디로 정의 내린다면 어떻게 정의내리시겠습니까?"
"예술은 지상에 사는 인간을 천상의 존재로 만들어주는 힘이 있지."

342. 막차를 놓치면 첫 차를 탈 수 있어

러시아에서 대륙을 가로질러 가는 열차를 타기 위해 긍정이와 웃음이는 달렸다. 시간이 촉박했다. 아쉽게도 열차시간을 맞추지 못해 기차를 놓치고 대합실에서 낙담하고 있었다.
"무엇 때문에 그리 낙담하나?"
옆에 있던 지팡이에 의지한 노인이 넌지시 물었다.
"기차를 놓쳤습니다."
"긴히 타야 할 일이 있는가?"
"그렇지는 않지만 내일 도착해야 하는 일정이 있습니다."
"그렇겠지. 하지만 여행 중인 걸로 보이는데 여행에 늦은 시간이란 없는 거야."
'여행에 늦은 시간이란 없다'는 말에 노인을 다시 쳐다봤다.
"인생에서 하루나, 한 달을 빼버린다고 해서 달라지는 게 별로 없어."
"계획했던 것에서 늦어진 그만큼 늦은 게 아닌가요?"
"여행에서 늦은 시간이란 없듯이 인생에서 늦은 계획도 없어."
"!"
"일찍 출발하는 여유도 있지만 서두르지 않고 늦게 출발하는 여유도 있는 거야. 늦어진 인연으로 다른 상황을 만나는 것을 즐겨야 해. 그리고 오늘 인연에 감사해야 하는 거야."
"!"
"오늘 막차를 놓치면 내일 첫 차를 탈 수 있어."

343. 바꿔야 할 것은 세상이 아니라 내가 먼저야

"사람들은 세상이 나를 버렸다고 하는데 세상은 사람을 버릴 수가 없어요. 세상은 한 번도 사람을 챙겨준 적이 없어요."
"아하! 정말 그렇네요."
긍정이와 웃음이가 박수를 쳤다.
"세상은 배신하지 않아요. 세상은 사람을 책임지겠다고 한 적이 없기 때문이지요."
세상을 원망하며 자신만 버림받은 기분이라며 불만을 토로하는 청년에게 중년의 여행자가 말했다. 스리랑카의 사원 입구에서 자연스럽게 만난 여행자들이었다.
중년의 여행자가 한 마디 더 했다.
"세상은 쉽게 바뀌지 않아요. 나를 바꾸는 것이 더 쉬워요."
긍정이와 웃음이가 멋진 말이라며 박수를 치자 중년의 여행자가 마지막 말로 정리했다.
"나를 바꾸면 세상이 달라 보여요. 새로운 세상이 열리거든요."

50
WEEK

인생의 주인공은
인생에
불만이 없어

344. 마음을 비추는 거울을 아니

"마음을 비추는 거울이 무언 줄 아니?"
"아, 글쎄요. 모르겠습니다."
"마음을 비추는 거울은 세상이야."
"?"
긍정이와 웃음이가 아제르바이잔Azerbaijan을 여행하다 만난 철학교수와 이야기를 나누고 있었다. '마음을 비추는 거울을 아느냐'는 대답이 '세상'이라는 말에 생뚱맞다고 생각했다.
"내가 슬프면 세상도 슬퍼지고, 내가 밝으면 세상도 밝아지거든."
"아하!"
정말 그랬다.
철학교수가 이어 말했다.
"일반 거울이 몸을 비추는 거울이라면 세상은 마음을 비추는 거대한 거울이지."
"!"
"어떤 사람은 고난을 장애물 경기하듯 즐기고, 어떤 사람은 고난과 싸우며 원망하기도 하지. 실체도 없는 고난이란 것과!"

345. 행불행은 세상을 해석하는 기준에 달려있어

"사는 것이 힘든 건 상당 부분 세상이 힘들게 해서가 아니야."
"그럼 뭐지요?"
"행복과 불행은 삶을 바라보는 관점에 달려있는 거야."
가파른 산악지대를 걸어서 이동해야 하는 집에 살고 있는 잉카의 후예인 노인의 말이었다.
젊은 여행자는 인생이 힘들어서 피난처로 여행을 하고 있었다. 여행이 일하는 것보다 힘들다는 불만에 대한 노인의 이야기였다.
"그럼 행복해지려면 어떻게 해야 하나요?"
"방법은 쉽지만 실천은 어려울 거야."
"말도 안 돼요."
젊은 여행자는 '방법은 쉽지만 실천이 어렵다'는 말에 발끈했다.
"세상을 바라보는 시선을 긍정 쪽으로 이동시키면 돼."
"!"
"세상도 따뜻해지고, 부드러워지지. 행불행은 세상을 바라보는 내 시선, 즉 관점에 달려있는 거야."

346. 세상은 거대한 축제장이야

"세상은 어떤 사람에겐 놀이터고, 어떤 사람에겐 수련장이고, 어떤 사람에겐 고난의 장이야."
"!"
"세상은 누구에게도 길을 권하지 않아. 자신이 선택하는 대로 만들어지지. 인생은 정말 신기할 정도로 독립된 섬이야."
"독립된 섬이라고요?"
"그렇지. 누구도 침범할 수 없고, 누구도 간섭할 수 없는 금단의 공간이지. 나는 '배타적 독립국'이야."
"와우. 배타적 독립국!"
긍정이가 동의했다.
잉카제국의 후예인 노인이 이어 말했다. 목소리에는 힘이 넘쳤다.
"모든 '나'는 인생을 만드는 최초의 창조자야."
"맞아요. 나는 내 인생을 만드는 최초의 창조자!"

347. 사람은 빛으로 만들어진 존재야

"사람은 빛으로 만들어진 존재야."
사람이 빛으로 만들어진 존재라는 말에 마음이 꽂혔다.
"생명은 빛의 힘을 받고 태어났어. 사람은 영적인 존재로 더구나 빛의 힘이 컸지."
"!"
역시 이해가 안 되는 말이었지만 신비하게도 잉카의 후예인 노인의 말 속으로 빨려들어 갔다.
"빛의 힘으로 태어났으니 태양에게 빚을 진 것이지. 빚은 갚아야 하는 것이지. 그러니 빛을 나누어 주어야 하는 거야."
"어떻게요?"
"나 이외의 존재에게 웃음, 사랑, 희망, 친철함을 베풀어야 하는 거지."
"태양에게 받은 만큼이요?"
"그렇지."
웃음이의 물음에 노인의 대답이 밝았다. 긍정이와 웃음이는 사람이 빛으로 만들어진 존재라는 말에 괜히 마음이 따뜻했다.

348. 마음날씨가 중요해

"하늘의 날씨는 하늘이 주관하지만 마음의 날씨는 내가 주관하는 거야."
"'마음날씨'란 말, 참 좋아요."
머리가 하얀 인디언의 말에 긍정이가 목소리를 높였다.
긍정이와 웃음이가 함께 감동했다.
"사람은 세상을 산만큼 신을 닮아가거든."
머리가 하얀 인디언의 말은 맑은 하늘보다 깊었다.

349. 인생의 주인공은 인생에 불만이 없어

중국의 태산을 오를 때 가마꾼이 땀을 흘리며 손님을 태우고 오르고 있었다.
가마를 탄 사람은 가마가 심하게 흔들려 힘들다고 불평을 했다.
두 발로 걸어 올라가고 있는 사람이 이 풍경을 보고 혼잣말로 한 마디 했다.
"짐꾼은 짐을 원망 않는데, 짐이 된 자는 짐꾼을 원망하는구나."
옆에 있던 노인이 혼잣말을 받아서 말했다.
"인생의 주인인 가마꾼은 오히려 짐이 고맙고, 인생을 손님처럼 사는 사람은 제 몸도 짐꾼에게 맞기고 불만이라네."

350. 지상 최고의 여행은 인생여행이야

오지탐험을 하고, 히말라야 정상을 오른 극지탐험가가 말했다.
"삶을 속절없이 보내지 말고 누리고 즐기시라."
"어떻게 살아야 누리고 즐기는 것이지요?"
삶이 힘들다는 청년의 물음이었다.
"마음이 시키는 것을 행하는 것이지요. 어떤 인생도 어떤 다른 인생보다 더 나은 것이 아니었어요."
"빈부가 있고, 귀천이 있잖아요."
불만 섞인 말투로 젊은 청년이 다시 말했다.
"높고 낮고, 갖고 못 갖고, 귀하고 천하고는 중요하지 않아요. 삶을 대하는 태도가 중요합니다. 주어지는 그대로를 받아들이며 사는 것이 중요하지요."
"정말 그럴까요?"
"그렇습니다. 지상최고의 여행은 인생여행입니다. 모든 인생의 무게는 같습니다."
"주종主從이 있는데도요?"
그래도 못 미더운 청년이 재차 물었다.
"인생의 의미는 오히려 고난이 클수록 의미가 커지지요. 가난을 견디는 것이 더 의미있고, 천함을 받아들이고 사는 것이 더 뜻 깊지요."
"!"
"야생화와 화초 중에 어떤 것이 당당하고 대견스러울까요. 살아낸 다음의 자신을 객관으로 바라보세요. 인생은 사는 자체가 빛나는 일이고, 아름다운 일입니다."

51
WEEK

나쁜 사람은 없어
나쁜 관계만 있지

351. 슬픔은 슬픔하고 친하고, 기쁨은 기쁨하고 친해

"세상에는 행복과 불행이 함께 있지. 기쁨과 슬픔도 함께 있고."
긍정이와 웃음이는 페루의 리마에서 잉카제국의 후예와 계속 이야기를 나누고 있었다.
"내 안에 행복과 불행이 있고, 내 밖에 행복과 불행이 있지. 마음 안팎의 감정은 서로 감응하거든. 동기감응同氣感應이라고 같은 기운끼리 만나지."
"그게 가능할까요?"
"그럼. 당연히 가능하지."
"어떻게요?"
"내 안에 있는 행복만을 깨우면, 밖에 있는 행복만을 선택해서 만나거든."
"!"
"마음 안에 잠자고 있는 마음을 깨우는 건 마음의 주인 몫이야."
"아하!"
"다시 말하지만 마음은 같은 마음끼리 친해. 유유상종, 즉 끼리끼리 놀아. 행복은 행복하고 친하고, 불행은 불행하고 친해."

352. 지구의 법칙을 지키는 것을 순명이라고 해

"인생은 성공하려고 태어난 것도 아니고, 무엇인가를 이루려고 태어난 것도 아니야."
"그러면 어떻게 살아야 하지요?"
"인생은 오직 누리라고 태어난 거야. 그래서 인생은 주어지는 것을 받아들여야 하는 거야. 지구를 찾아온 자는 지구의 법칙을 지키는 것을 순명順命이라고 하지."
"운명을 거부할 수는 없나요?"
"거부할 수 있지."
청년의 눈이 반짝였다.
"기대하지 말게. 거부할 수 있지만 이길 수는 없어. 운명에는 마음이 없거든."
"그러면요?"
"그저 실행될 뿐이지. 그래서 있는 그대로를 받아들여야 하는 거야."
노인과 청년의 대화가 이어졌다. 노인은 인생을 즐기고 있었고, 청년은 인생과 싸우고 있었다. 부다페스트의 광장에서 여행자로 만나 이야기하고 있었다.

353. 파도를 타고 놀면 서핑이란 운동이 되지. 고난을 타고 놀면 인생은 흥미로운 도전이 되고

부다페스트의 광장에서 여행자로 노인과 청년의 대화가 계속 이어졌다.

"이유는요?"

청년은 운명을 따라야 하는 이유에 대해 다시 한 번 반문했다.

"이미 존재하고 있는 지구별에 찾아온 여행자는 지구별의 법칙을 따르는 것이 도리야. 바뀔 수 없는 것을 바꾸려는 것은 지구여행자의 일이 아니지."

"그러면 어떻게 살아야 하나요?"

"인생에 저항하면 인생은 더욱 힘들 뿐이지. 지혜로운 자는 고난을 즐길 줄 아는 사람일세."

"그게 쉽나요?"

"파도를 타고 놀면 서핑이란 운동이 되지. 고난을 타고 놀면 인생은 흥미로운 도전이 되고."

354. 칭기즈칸이 세계를 정복한 힘은 경청이야

긍정이와 웃음이는 내몽골로 들어갔다. 칭기즈칸을 연구하는 학자를 만났다.
"칭기즈칸은 무지 힘이 셌나 봐요."
세계를 정복한 칭기즈칸상을 보고 웃음이가 어린아이처럼 말했다.
"동생하고 싸우면 항상 졌지."
학자가 부드러운 목소리로 답했다.
"그러면 활이나 칼을 잘 썼나요?"
"그것도 아니야. 칭기즈칸이 무기를 잘 다뤘다는 기록이 어디에도 없어."
"그러면 사람을 휘어잡는 말을 잘 했나요?"
이번에는 긍정이가 물었다.
"칭기즈칸의 위대함은 다른 것에 있었어."
"뭔데요?"
다시 웃음이가 물었다.
"경청傾聽이야."
"듣는 거요?"
긍정이와 웃음이가 뜻밖이라는 표정으로 함께 말했다.
"그래. 경청, 듣는 거였어."
"듣는 거로 세계를 정복했다고요?"
"그렇지. 칭기즈칸은 글도 몰랐고, 힘도 세지 않았지. 그럼에도 세계를 정복한 건 경청의 힘이었지."
"놀라운데요."
"자신이 가지지 못한 것을 상대에게 듣고 배워 힘을 키워나갔지."

"경청의 힘이 그렇게 큰가요?"
"경청에는 두 개의 큰 힘이 있지. 첫째는 내가 가지고 있지 않은 정보와 지식을 내 것으로 만들 수 있는 것. 둘째는 상대의 마음을 얻어 사람을 얻을 수 있는 것이야."
"경청으로 상대의 마음을 얻을 수 있다고요?"
"그렇지. 자신의 말을 들어주는 사람에게 무한신뢰를 가지는 것이 사람이야. 어느 순간 들어주는 사람에게 마음을 빼앗기지."

355. 현자는 자신의 잘못을 보고, 바보는 남의 잘못을 봐

긍정이가 모스크바의 붉은 광장에서 여행자들이 모여 지혜에 대한 이야기를 하고 있었다. 긍정이가 같은 여행자인 노인에게 물었다.
"지혜로운 사람과 지혜롭지 않은 사람의 차이는 무엇입니까?"
"현자는 남의 실수에서도 자신의 고칠 점을 찾아내고, 바보는 자신의 잘못에서도 타인에게 원망할 점을 찾아내지."
여행자인 노인이 말했다.
"지속될 경우 무엇이 달라집니까?"
긍정이가 다시 물었다.
노인이 이어서 답했다. 노인의 눈이 유난히 반짝거렸다.
"자신의 잘못을 찾아내는 현자는 더욱 지혜로워지고, 남 탓을 하는 바보는 더욱 어리석어 지지."

356. 나쁜 사람은 없어. 나쁜 관계만 있지

"사람은 독립적으로 자신의 세계를 가지고 살아‥"
"그러면 저마다 독립국의 수장이겠군요?"
"그렇지. 5살 아이는 아버지나 엄마보다 5살 친구가 잘 통하는 거야. 늑대와 사슴이 친구가 되기는 어렵지. 초식동물과 육식동물은 타고난 대로 살 뿐이야. 사람관계도 그렇지."
사하라 사막에서 태어나 도시에서 젊음을 보내고 다시 사하라사막으로 돌아와 살고 있는 노인과 이야기를 나누고 있었다. 이십여 가구가 전부인 마을이었다.
"아하. 그래서 또래끼리, 통하는 생명끼리 사귀는 거군요."
"그렇지. 나쁜 생명, 나쁜 사람은 없어. 나쁜 관계만 있지."
"와우. 그렇군요. 나쁜 사람이 있는 게 아니라 나쁜 관계만 있는 거군요."
"그렇지. 누구나 자신의 본성으로 세운 독립국에 사는 거야. 그래서 저마다 생각이 다르고, 저마다 꿈이 다르지."

357. 자주 쓰는 말이 가장 소중한 말이야

필리핀의 오지마을을 지나다 긍정이와 웃음이는 마을 촌장과 이야기를 나누고 있었다. 마을촌장은 공무원을 은퇴하고 마을에 다시 돌아와 살고 있었다.
"가장 중요한 말은 자주 쓰는 흔한 말이야. 위대한 철학이나 사상이 담긴 말보다도 힘이 있고 따뜻한 인간관계를 만들어주지."
"어떤 말이지요?"
"'너를 믿어, 넌 할 수 있어' 같이 일상적으로 쓰는 말이지."
"말씀 들으니 맞네요."
"그렇지. 쓸수록 힘이 나게 하는 '고마워, 감사해 또는 사랑해' 같은 말이야.
"쉬운 듯 쉽지 않은 말이기도 하네요."
"그렇지. 사람들은 종종 말을 아끼고 어색해 하지. 마음은 보이지 않아 표현해야 드러나는 거야."
"맞아요."
긍정이와 웃음이가 함께 손뼉을 치며 대답했다.

52
WEEK

가장 큰
열정은
지속 하는거야

358. 마음은 생각하라고 있고, 몸은 행동하라고 있는 거야

필리핀의 오지마을을 지나다 들른 긍정이와 웃음이는 마을 촌장과 이야기에 빠져 있었다.

"마음을 보여줄 수 있는 것이 두 가지가 있어."

"뭔데요?"

긍정이의 얼굴에 궁금함이 가득했다.

"마음은 행동으로 실행하는 것과 말로 표현해주는 방법이 있지."

"맞아요. 마음은 모양이 없어요."

"그래서 마음은 표현하지 않으면 알 수가 없거든. 그래서 마음을 표현해주기 위한 것이 있어. 그것에 감사하고 활용해야 해."

"그것은 또 뭔데요?"

"몸이야. 마음은 생각하라고 있고, 몸은 행동하라고 있는 거야."

"몸과 마음으로 둘이네요?"

"당연하지. 몸의 소중함은 마음을 행동으로 실천할 수 있게 해주는 기능에 있지. 몸은 신비롭고 보배로운 존재야."

359. 헛되고 헛되며 헛되고 헛되니 모든 것이 헛되다

"솔로몬왕이 모든 것을 성취하고 난 후에 한 말입니다. 왜 성취의 순간에 헛되었다고 했을까요?"
이스라엘 성지에서 교인들이 모여 토론을 하고 있었다.
"원래 삶이 헛되어서 그런 것 아닐까요?"
랍비의 말에 이스라엘을 방문한 젊은 교인이 되물었다.
"그럴 수 있습니다. 그러면 제가 묻겠습니다. 당신이 지금 살아있는 것이 헛됩니까?"
"그렇지만은 않습니다."
"그러면 우리 주위에 있는 풀과 나무 그리고 생명들이 존재하는 것이 헛됩니까?"
"각자 존재의 이유와 가치가 있다고 생각합니다."
랍비와 젊은 교인이 대화를 주고받았다.
"당신이 지금 살아있어 행복해 하는 사람이 있습니까?"
"예. 있습니다. 내 아이들과 내 아내입니다."
"그렇습니다. 자신의 자리에 서있는 것만으로도 감사하고 고마운 일입니다. 존재하는 것들은 존재하는 그 순간, 그 자리에서 가치가 있습니다. 그 순간 그 자리에서 있었던 것만으로 모든 역할과 가치를 다하고 있는 것입니다."
"아! 그렇군요."
"그렇습니다. 우리는 존재하고 있는 것에 대한 감사를 하면 됩니다. 풀과 나무 그리고 생명 있는 것들은 서로 경쟁하고, 다투면서도 그 자리에 있어야 할 이유가 있었습니다."

360. 행복한 사람은 고마운 이유를 찾아

밭에서 아로니아 Aronia를 따고 있는 루마니아의 여인의 얼굴이 밝았다.
"무엇이 그리 행복하세요."
라고 웃음이가 묻자 루마니아의 여인이 답했다.
"다 고마워서 그래. 내가 살아 있어서 고맙고, 아로니아가 익어서 반갑고, 수확을 해서 기쁘지."
"그것이 그리도 행복한 일이예요?"
"그럼. 내가 어렸을 적에 우리 엄마가 말씀하셨지. 행복하게 사는 사람은 사소한 것을 크게 보는 사람이고, 불행한 사람은 큰 것을 사소하게 취급하는 사람이라고'"
"정말 그렇네요."
"행복한 사람은 고마운 이유를 찾고, 불행한 사람은 불만스런 문제를 찾는 것이 다른 거야."
"맞아요."
"그래. 행복한 사람은 따뜻한 햇볕을 쬐는 것만으로도 행복하지."

361. 여행은 세 번째의 눈을 가지게 해

긍정이와 웃음이가 네팔의 카트만두Kathmandu 시내를 걷고 있었다. 어느 도시보다도 역동적이었다.
"웃음아. 여행 좋아하지?"
"그럼. 좋아하지. 긍정이와는 오랜 만이네."
"그렇네. 여행은 눈 하나를 더 가지게 해서 좋아."
"그래. 맞아. 여행을 하다보면 알게 되더라. 모든 길은 집으로 돌아가는 길과 연결되어 있다는 것도."
"맞아. 이곳 히말라야에서는 히말라야는 사람을 안고, 사람은 히말라야를 품고 살아."
"산도 높고 사람도 높은 데 살면서 낮은 마음으로 살아가는 곳이지."
"그래. 그래서 네팔에서 부처님이 탄생한 것일 거야."
긍정이와 웃음이는 덜컥거리는 버스를 타고 룸비니 동산으로 가 부처님이 탄생한 곳으로 걸어갔다.
긍정이가 한껏 마음이 들떠서 말했다.
"여행은 돌아갈 때 깨달음의 커다란 돌덩이가 쿵, 하고 떨어져야 한다고 했어."

362. 가장 큰 열정은 지속하는 거야

긍정이와 웃음이는 잉카의 후예인 노인과 이야기를 계속 하고 있었다. 열정에 대한 이야기로 화제가 넘어갔다. 노인이 열정에 대한 정의를 했다.

"열정 중에 가장 큰 열정은 끝없이 지속하는 것이야."
"!"
"물은 흐르는 일 하나로 강을 마르지 않게 하고, 자연은 비를 내리는 일 하나로 지상의 생명들을 기르지."

세상을 돌아보게 하는 뜻밖의 이야기였다. 노인은 다시 말했다.

"사람에게 열정은 실패를 했을 때 다시 박차고 일어나 하던 일을 계속하는 것이지."

363. 할 수 있는 일이면 하면 되고, 할 수 없는 일이면 하지 않으면 돼

"고민할 것 없어! 할 수 있는 일이면 하면 되고, 할 수 없는 일이면 하지 않으면 돼."
필리핀 여행 중 야자수 나무 그늘에서 여행자들이 모여 이야기를 나누고 있었다. 다른 여행지에서도 들었던 내용이었다. 긍정이와 웃음이도 함께 이야기를 나누고 있었다. 혼자 여행을 하고 있는 인문학자의 말이었다. 너무나 당연한 말이었지만 느낌은 남달랐다.
"그래도 박탈감에, 부족함에 힘들어 하는걸요."
웃음이가 보통사람들의 입장을 말했다.
"저마다 타고난 것이 있지. 새는 날 수 있지만 날기 위해 창자의 길이를 줄여야 하고, 뼛 속을 비워야했지. 덕분에 평생 설사를 하지."

364. 손에 쥔 것을 고마워해야 하는 거야

필리핀의 야자수 나무 그늘에서 여행자들이 모여 이야기를 계속 나누고 있었다.
"하나를 가지면 하나를 버려야 하는 진리를 말씀해 주시네요."
"그렇지. 타고난 것 그대로를 받아들여야 하는 거야. 역도선수와 발레리나는 달라. 역도 선수가 발레리나가 되지 못한 것을 힘들어하면 어리석은 거야. 발레리나가 역도선수가 되지 못한 것을 안타까워하는 것도 마찬가지고."
인문학자는 말을 이었다.
"손에 닿지 않는 것을 가지려 하지 말고, 손에 쥔 것을 고마워하는 것이 큰마음이야."

53
WEEK

사람
안에는
거인이 있어

365. 인간의 위대함은 도전을 선택한 거야

"사람의 위대함은 무엇입니까?"
안데스산맥에 자리한 칠레의 작은 마을에서 인디오와 모래사막을 걸으며 긍정이가 물었다.
"무엇보다 위험을 선택한 점이야."
인디오는 담담하게 말했다.
"위험의 선택이요?"
"그렇지. 스스로 안전을 버리고 위험을 선택해 도전했다는 점일세. 네 발의 안정을 포기하고, 두 발의 위험을 선택했지."
함께 걷던 웃음이가 이번에는 자세한 설명을 인디오에게 부탁했다. 인디오는 낮은 목소리로 말했다.
"인간이 두 손의 자유를 얻기 위해 두 발을 포기하고 불안정하게 일어섰다는 것은 무엇보다 큰 도전이야."
"그렇군요."
"모든 도전은 위험을 선택할 때 이루어지지. 인간은 도전하기 위해 위험을 스스로 선택했다는 점에서 혁명적일 수 있었지."
"두 발을 버리고 두 손을 얻은 날이 안정을 버리고 위험을 선택한 날이군요."
긍정이가 말했다.
"그렇지. 인류 최고의 독립일은 네 발의 안정을 버리고, 두 발로 일어서서 위험을 선택한 날이야. 다시 말해 안정을 버리고 위험한 모험의 길을 선택한 날이지."

366. 사람 안에는 거인이 있어

긍정이와 웃음이는 인디오와 같이 사막을 걸으면서 많은 대화를 나누었다.
긍정이가 물었다.
"위험한 사막은 왜 걸어요?"
"내 안에 잠자고 있는 거인을 깨우려고!"
"사람 안에 거인이 잠자고 있다고요?"
"그렇지. 사람 안에는 잠자고 있는 거인이 있어. 우리 인디오들은 그걸 믿어. 그래서 잠자고 있는 거인을 깨워야 하는 거지."
"어떻게요?"
"우리는 성인식처럼 고난을 통해서 거인을 깨워야 한다고 믿지."

〈2권 끝〉